I0815683

El Acto de Crear

Rick Rubin
con Neil Strauss

El Acto de Crear

Una Manera de Ser

Traducción de Victoria Simó

DIANA

Obra editada en colaboración con Editorial Planeta – España

Título original: *The creative act: a way of being*

Publicado con el acuerdo de Canongate Books Ltd, 14 High Street, Edinburgh EH1 1TE

Del diseño, por Rick Rubin agradecimiento especial a Pentagram con adaptación del diseño de la portada de Planeta Arte & Diseño.

Maquetación: Realización Planeta

Bajo el sello editorial DIANA M.R.
Avenida Presidente Masaryk núm. 111,
Piso 2, Polanco V Sección, Miguel Hidalgo
C.P. 11560, Ciudad de México
www.planetadelibros.com.mx

Primera edición impresa en España en esta presentación: septiembre de 2025
ISBN: 978-84-1119-275-0

Primera edición impresa en México: noviembre de 2025
ISBN: 978-607-39-3623-1

Impreso en los talleres de Litográfica Ingramex, S.A. de C.V.
Centeno núm. 162-1, colonia Granjas Esmeralda, Ciudad de México
Impreso en México – *Printed in Mexico*

El objetivo no es crear obras de arte,
sino acceder a ese estado maravilloso
en el cual el arte se torna inevitable.

Robert Henri

78 áreas de pensamiento

No está demostrado que nada
de lo que contiene este libro sea cierto.
Es una reflexión sobre impresiones propias,
más pensamientos que realidades.

Puede que algunas ideas resuenen en ti
y otras tal vez no.
Unas pocas podrían despertar un conocimiento interior
cuya existencia olvidaste.
Toma lo que te sea útil.
Suelta lo demás.

Cada uno de estos momentos
es una invitación
a seguir explorando:
mirar más adentro,
acercar el foco o alejarlo,
abrir posibilidades
para existir de otra manera.

Todos somos creadores

Las personas que no toman parte en las artes tradicionales tal vez tengan reparos en considerarse «artistas». Es posible que perciban la creatividad como algo extraordinario o que supera sus capacidades; una vocación reservada a unas pocas personas que nacieron con un don especial.

Afortunadamente no es así.

La creatividad no está reservada a unos pocos. Ni tampoco es complicado acceder a un estado creativo. La creatividad es un aspecto fundamental del ser humano. Es un derecho de nacimiento. Y todos lo tenemos.

La creatividad no se limita a la creación artística. Todos llevamos a cabo actos creativos a diario.

Crear es traer al mundo algo que no estaba ahí. Podría ser una conversación, la solución a un problema, una nota a un amigo, la redistribución de los muebles en una habitación, una nueva ruta para evitar un embotellamiento.

Lo que haces no tiene por qué ser presenciado, grabado, vendido o preservado en una urna de cristal para ser una obra de arte. Ya solo por existir somos creadores en un sentido profundo, pues creamos nuestra experiencia de la realidad y damos forma al mundo que percibimos.

Estamos inmersos en todo momento en un campo de materia indiferenciada de la cual nuestros sentidos extraen información. El universo exterior que percibimos no existe como tal. A través de una serie de reacciones eléctricas y químicas, generamos internamente una realidad. Creamos bosques y mares, calor y frío. Leemos palabras, oímos voces y hacemos interpretaciones. Después, en un instante, generamos una respuesta. Todo ello en un mundo que nosotros hemos creado.

Tanto si realizamos obras de arte formales como si no, todos vivimos como artistas. Percibimos, filtramos, recogemos datos, y luego administramos experiencias propias y ajenas a partir de esa información. No importa si lo hacemos consciente o inconscientemente; por el mero hecho de estar vivos somos participantes activos en un proceso de creación constante.

Vivir como artista es un modo de estar en el mundo. Una manera de percibir. La práctica de poner atención. Consiste en afinar la sensibilidad para sintonizar con las notas más sutiles. Buscar lo que nos atrae y lo que nos produce rechazo. Percibir qué tonos emocionales surgen y adónde nos conducen.

Sintonizando decisión tras decisión, tu vida entera se convierte en una forma de autoexpresión. Tú eres un ser creativo que existe en un universo creativo. Una obra de arte única.

Sintonización

Imagina el universo como un despliegue creativo sin fin.

Los árboles florecen.

Las células se reproducen.

Los ríos reciben nuevos afluentes.

El mundo late con el aliento de su energía productiva, que dirige todo cuanto existe en este planeta.

Cada manifestación de ese despliegue actúa por cuenta del universo, cada elemento a su manera, fiel a su propio impulso creativo.

Igual que los árboles dan flores y frutos, la humanidad crea obras de arte. El puente Golden Gate, el *Álbum Blanco* de los Beatles, el *Guernica*, Santa

Sofía, la Esfinge, el transbordador espacial, la autopista, *Clair de lune*, el Coliseo de Roma, el desarmador de estrella, el iPad, el *Philadelphia cheesesteak*.

Mira a tu alrededor: hay infinidad de logros magníficos que admirar. Todos y cada uno son reflejo de la humanidad siendo fiel a sí misma, igual que lo es el colibrí cuando construye su nido, el duraznero que da fruto o un cumulonimbus al producir lluvia.

Cada uno de los nidos, duraznos, gotas de lluvia y obras de arte es distinto al resto. Algunos árboles parecen dar frutos más hermosos que otros y algunos seres humanos parecen escribir obras más importantes que otras, pero el sabor y la belleza están en la percepción del que los experimenta.

¿Cómo sabe una nube cuándo tiene que descargar agua? ¿Cómo sabe el árbol cuándo empieza la primavera? ¿Cómo sabe el pájaro que ha llegado la hora de construir un nuevo nido?

El universo funciona como un reloj:

> Todo tiene
> su momento oportuno
> y hay un tiempo para cada cosa bajo el sol.
> Un tiempo para nacer y un tiempo para morir.
> Un tiempo para plantar y un tiempo para
> [cosechar.

Un tiempo para matar y un tiempo para sanar.
Un tiempo para reír y un tiempo para llorar.
Un tiempo para construir y un tiempo para
[derruir.
Un tiempo para bailar y un tiempo para
[entristecerse.
Un tiempo para esparcir piedras
y un tiempo para juntarlas.

Nosotros no fijamos esos ritmos. Somos partícipes de un acto creativo más grande que no dirigimos, sino que nos dirige a nosotros. El artista forma parte de un programa cósmico, igual que cada elemento de la naturaleza.

Si tenemos una idea que nos emociona y no la plasmamos, no sería raro que la idea se expresara a través de otro creador. Cuando eso sucede no se debe a que el otro artista nos haya robado el concepto, sino a que ha llegado el momento de que esa idea vea la luz.

En este gran despliegue, las ideas y los pensamientos, los temas, las canciones y otras obras de arte existen en el éter y maduran en el tiempo adecuado, listos para expresarse en el mundo físico.

Como artistas, nos corresponde a nosotros absorber esa información, transmutarla y compartirla. Todos somos traductores de los mensajes que nos envía el universo. Los mejores artistas suelen ser aquellos que poseen las antenas más sensibles para captar la energía que resuena en cierto momento. Muchos grandes artistas empiezan desarrollando antenas sensibles no para crear, sino para protegerse. Deben salvaguardarse porque todo les duele más. Lo perciben con mayor intensidad que los demás.

⊙

A menudo el arte surge en forma de movimientos. La arquitectura Bauhaus, el expresionismo abstracto, la *nouvelle vague*, la poesía beat o el punk rock, por nombrar solo algunos de la historia reciente. Estos movimientos aparecen en olas; algunos artistas captan algo en la cultura y se colocan de modo que puedan cabalgar esa marea. Otros tal vez vean la ola, pero prefieran nadar contracorriente.

Todos somos antenas del pensamiento creativo. Algunas transmisiones nos llegan altas y claras, otras son más débiles. Si tu antena no está afinada con cuidado, tal vez pierdas información entre el ruido. Sucede así porque las señales regularmente son más sutiles que el contenido que recibimos a través de la consciencia sensorial. Son energéticas más que tangibles; se perciben desde la intuición más que incidir en la mente consciente.

Por lo general, recogemos información del mundo a través de los cinco sentidos. Cuando la información procede de frecuencias más elevadas, canalizamos material energético que no se puede captar en el plano físico. El hecho desafía la lógica igual que lo hace el que un electrón pueda estar en dos lugares al mismo tiempo. Esa energía esquiva posee un gran valor, si bien hay muy pocas personas tan sensibles como para captarla.

¿Cómo captar una señal que no se oye ni se puede definir? El secreto está en no buscarla. Ni tampoco tratar de predecir ni analizar el modo de acceder a ella. En vez de eso, creamos un espacio despejado que permite su entrada. Un espacio tan distinto del estado sobresaturado en el que viven nuestras mentes que funciona como un vacío capaz de absorber las ideas que el universo pone a nuestra disposición.

No es tan difícil acceder a ese tipo de libertad como parece. Todos nacemos con esa capacidad. De pequeños experimentamos muchas menos interferencias entre las ideas que recibimos y su interiorización. Aceptamos encantados la nueva información en lugar de compararla con nuestras ideas previas; vivimos en el presente sin preocuparnos por las consecuencias futuras; somos espontáneos más que analíticos; somos seres curiosos, no abrumados. Aun las experiencias más simples de la vida se viven con una sensación de asombro. La tristeza más profunda y una ilusión intensa transcurren en un instante. No hay fachada y no hay apego a un relato.

Los artistas capaces de crear grandes obras de arte de manera constante a lo largo de su vida con frecuencia se las ingenian para conservar esas cualidades infantiles. Poner en práctica una forma de ser que te permita contemplar el mundo desde la mirada inocente y pura de un niño te concederá la libertad de actuar en sintonía con el programa del universo.

Ciertas ideas aparecen cuando llega su momento
y encuentran la manera
de expresarse a través de nosotros.

La fuente de la creatividad

De entrada lo tenemos todo:
todo lo visto,
todo lo hecho,
todo lo pensado,
todo lo sentido,
todo lo imaginado,
todo lo olvidado
y todo lo que queda por decir y por pensar
en nuestro interior.

Esa es la materia prima, y recurriendo a ella construimos cada momento creativo.

El contenido no procede de nuestro interior. La Fuente está afuera. Es una sabiduría que nos envuelve, una ofrenda inagotable siempre a nuestra disposición.

Es posible que la percibamos, la recordemos o sintonicemos con ella. No solo a través de las experiencias. También a través de los sueños, intuiciones, fragmentos subliminales u otras maneras todavía desconocidas por las cuales el exterior se abre paso hacia el interior.

La mente tiene la sensación de que el material procede de adentro, pero es una ilusión. Cada cual lleva en su interior minúsculos fragmentos de la inmensidad de la Fuente. Esos valiosos retazos surgen del inconsciente como vapor y se condensan para crear un pensamiento. Una idea.

⊙

Imaginar la Fuente como una nube nos puede ayudar a entender la idea.

Las nubes nunca desaparecen realmente. Cambian de forma. Mudan en lluvia y se convierten en parte del océano, se evaporan y vuelven a ser nube.

Lo mismo sucede con el arte.

El arte es circulación de ideas, que no son sino energía. Parecen nuevas porque se combinan de manera distinta cada vez que regresan. No hay una nube igual a otra.

Por eso, cuando una obra de arte nos conmueve, resuena a un nivel tan profundo. Puede que sea algo conocido que regresa bajo una forma desconocida. O puede que sea algo desconocido que no sabíamos que estábamos buscando. La pieza que falta de un rompecabezas sin fin.

Cuando una idea se convierte
en una realidad
puede parecer más modesta.
Algo sobrenatural se ha tornado terrenal.

La imaginación no tiene límites.
El mundo físico sí.
La obra existe en ambos.

Consciencia

Por lo general, abordamos las actividades diarias trazando un plan de acción y desarrollando una estrategia para alcanzar el objetivo que nos hemos propuesto. Creamos un programa.

La consciencia funciona de otro modo. El programa se está desplegando a nuestro alrededor. El mundo es el artífice, y nosotros, los testigos. Tenemos poco o ningún control sobre el contenido.

El don de la consciencia nos permite saber lo que está pasando fuera y dentro de nosotros en el momento presente. Y hacerlo sin implicación ni apego. Somos capaces de contemplar sensaciones corporales, pensamientos y sentimientos fugaces, señales auditivas o visuales, olores y sabores.

A través de esa atención desapegada, la consciencia permite a la flor revelar más de sí misma mientras la estamos observando, sin nuestra intervención. Sucede así con todas las cosas.

La consciencia no es un estado que se pueda forzar. El esfuerzo apenas interviene, si bien la persistencia es la clave. Permitimos activamente que pase. Significa estar presente en lo que ocurre en el eterno ahora, y aceptarlo.

Tan pronto como etiquetamos un aspecto de la Fuente, ya no estamos contemplando, sino analizando. Sucede así cuando aparece cualquier pensamiento que nos impide estar presentes en el objeto de la consciencia, ya sea a través del análisis o simplemente siendo conscientes de que estamos atentos. El análisis es una función secundaria. La consciencia ocurre primero por pura conexión con el objeto de atención. Si algo me parece interesante o hermoso, antes que nada vivo la experiencia. Solo después intentaré entenderla.

Si bien no podemos evitar que unas cosas llamen nuestra atención y otras no, sí es posible modificar nuestra capacidad de estar atentos.

Podemos ampliar la consciencia y reducirla, experimentarla con los ojos abiertos o cerrados. Es factible acallar el mundo interno para percibir mejor el externo o silenciar el externo con el fin de percibir mejor lo que está pasando adentro.

Podemos mirar algo desde muy cerca que pierda los mismos rasgos que le otorgan su apariencia o desde muy lejos que parezca totalmente nuevo.

El universo será tan grande como nuestra percepción de él. Cuando cultivamos la consciencia, ampliamos el universo.

De ese modo ampliamos el alcance no solo del material que tenemos a nuestra disposición para crear, sino también de la vida misma que vivimos.

Una mirada profunda
es la base de la creatividad;
ver más allá de lo ordinario y prosaico
para captar lo que de otro modo sería invisible.

La vasija y el filtro

⊙

Cada uno de nosotros posee un recipiente que se va llenando de información constantemente.

Alberga la suma total de nuestros pensamientos, sentimientos, sueños y experiencias del mundo. Podemos imaginarlo como una vasija.

La información no entra directamente en la vasija, como lluvia que llena un barril. Cada cual la filtra a su manera particular.

No todo atraviesa ese filtro. Y aquello que lo atraviesa no siempre lo hace con fidelidad.

Cada persona posee un método particular de reducir el material de la Fuente. El espacio de la memoria es limitado. Nuestros sentidos con frecuencia interpretan mal los datos. Y nuestras mentes no cuentan con la capacidad de procesamiento necesaria para asimilar toda la información que nos rodea. La luz, el color, los sonidos y los olores abrumarían nuestros sentidos. No seríamos capaces de distinguir un objeto de otro.

Para abrirnos paso por este inmenso caudal de datos, aprendemos muy pronto en la vida a concentrarnos en la información que nos parece esencial o que ofrece un interés especial. Y a desconectar de lo demás.

Como artistas buscamos recuperar esa percepción infantil: un estado de asombro más inocente y una valoración desvinculada de la utilidad o la supervivencia.

El filtro inevitablemente reduce la inteligencia de la Fuente al interpretar los datos que llegan en lugar de permitir que fluyan en libertad. Conforme la vasija se llena de estos fragmentos reorganizados, se crean relaciones con los materiales que ya estaban dentro.

Dichas relaciones generan creencias y relatos. Puede que hablen de nuestra identidad, de las personas que tenemos alrededor o de la naturaleza del mundo en el que vivimos. Al final esos relatos se fusionan en una imagen del mundo.

Como artistas, sería ideal que no nos aferráramos a esos relatos y abriéramos espacio para el inmenso caudal de información que no acaba de encajar en los límites de nuestro sistema de creencias. Cuantos más datos seamos capaces de absorber y menos tratemos de modelarlos, más nos acercamos a la naturaleza.

⊙

Podríamos imaginar el acto creativo como el gesto de tomar la totalidad del contenido de nuestra vasija, elegir los elementos que nos parecen útiles o significativos en un momento dado y representarlos.

Es la Fuente, que nos atraviesa y se expresa en libros, películas, edificios, pinturas, comidas, negocios…, en todos los proyectos en los que nos embarcamos.

Si decidimos compartir lo que creamos, nuestra obra sigue circulando y se convierte en materia prima para otros.

La Fuente se pone a nuestro alcance.
El filtro destila.
La vasija recibe.
Y a menudo todo ello escapa a nuestro control.

Te ayudará saber que este sistema, que funciona por defecto, se puede sortear. Con la práctica podemos mejorar nuestra conexión con la Fuente y ampliar de manera radical la capacidad de la vasija para recibir material. Cambiar el instrumento no siempre es la forma más sencilla de alterar el sonido de la música, pero puede ser la más poderosa.

Cualesquiera que sean las herramientas que uses para
crear,
el verdadero instrumento eres tú.
Y a través de ti
el universo que nos envuelve
se va definiendo.

Lo invisible

Según la definición convencional, el propósito del arte es crear objetos físicos y digitales. Llenar estantes de cerámica, libros y discos.

Si bien los artistas no suelen ser conscientes de ello, la obra final es la consecuencia de un deseo más profundo. No creamos para generar o vender productos materiales. El acto de crear es el intento de entrar en un reino misterioso. El anhelo de trascender. Lo que creamos nos permite compartir atisbos de un paisaje interno que supera la comprensión. El arte es nuestro portal al mundo de lo invisible.

Sin el componente espiritual, el artista trabaja con una desventaja crucial. El mundo espiritual aporta una capacidad de asombro y un grado de apertura mental que no siempre encontramos en los confines de la ciencia. El mundo de la razón tiende a ser angosto y está lleno de callejones sin salida, mientras que el punto de vista espiritual es ilimitado y ofrece posibilidades maravillosas. El mundo de lo invisible es inabarcable.

Es posible que la palabra *espiritualidad* no les diga nada a las personas que tienden a vivir en el intelecto ni a los que relacionan el término con la religión organizada. Si prefieres pensar en la espiritualidad como conexión, adelante. Y si quieres pensar que es algo así como creer en la magia, adelante también. Las cosas en las que creemos poseen una energía inmensa tanto si se pueden demostrar como si no.

La práctica de la espiritualidad es una manera de percibir un mundo en el que no estamos solos. Hay significados profundos debajo de la superficie. Podemos recurrir a la energía que nos envuelve para elevar nuestro trabajo a un nuevo nivel. Somos parte de algo mucho más grande de lo que la mente puede explicar. Vivimos en un mundo de posibilidades inmensas.

Recurrir a esa energía puede ser de una utilidad maravillosa para nuestras aspiraciones creativas. El método funciona a partir de la fe. Creer y comportarse como si fuera verdad. Las pruebas no son necesarias.

Cuando trabajas en un proyecto, puede que notes que las aparentes coincidencias surgen con más frecuencia de lo que podría explicar el azar, casi como si una mano ajena guiara la tuya en una dirección determinada. Como si una sabiduría interna orientara tus movimientos con delicadeza. La fe te permite confiar en las indicaciones sin necesidad de entenderlas.

Pon especial atención a esos momentos en los que pierdes el aliento: un ocaso hermoso, un color de ojos peculiar, un tema musical que te conmueve, el elegante diseño de una máquina compleja.

Cuando sentimos que una obra de arte, un fragmento de consciencia o un elemento de la naturaleza nos está mostrando, de algún modo, algo más grande que nosotros, estamos presenciando el plasmado manifiesto del componente espiritual. Se nos obsequia con un atisbo de lo invisible.

No es inusual que la ciencia
alcance al arte, con el tiempo.
Tampoco es inusual que el arte
alcance a lo espiritual.

Busca pistas

⊙

El material que necesitamos para nuestro trabajo está en todas partes. Se entreteje en nuestras conversaciones, se entrelaza con la naturaleza, se asoma en los encuentros casuales y en las obras de arte ya existentes.

Cuando busques la solución a un problema creativo, pon mucha atención a lo que sucede a tu alrededor. Persigue pistas que te sugieran nuevos métodos o maneras de desarrollar las ideas que ya tienes.

Un escritor puede estar en una cafetería trabajando en una escena, sin saber qué dirá el personaje a continuación. Puede que una frase de la mesa contigua, oída al azar, ofrezca una respuesta directa o al menos insinúe un camino viable.

Recibimos esa clase de mensajes de forma incesante, si estamos atentos. Tal vez leamos un libro y encontremos una cita que llame nuestra atención o veamos una película y reparemos en una frase que nos induce a detenernos y volver atrás. En ocasiones será exactamente lo que estábamos buscando. O podría ser el eco de una idea que no deja de asomar en lugares distintos como suplicando más atención o reafirmando el camino que ya iniciamos.

Las transmisiones son sutiles: están por todas partes, pero es fácil que las pasemos por alto. Si no estamos atentos a las pistas, se deslizarán a nuestro lado sin que reparemos en ellas. Atiende a las conexiones y medita sobre lo que te indican.

Cuando suceda algo interesante, pregúntate el motivo. ¿Qué mensaje te transmite? ¿Cuál podría ser el significado profundo?

No se trata de un proceso científico. No podemos controlar las pistas ni recurrir a la voluntad para que nos sean reveladas. En ocasiones el deseo intenso de encontrar una respuesta concreta o de confirmar cierto camino puede ayudar. Otras veces, prescindir por completo de esa intención te permitirá hallar lo que buscas.

Una parte importante del trabajo de un artista consiste en descifrar esas señales. Cuanto más abierto estés a los indicios, más pistas encontrarás y menos tendrás que esforzarte. Tal vez empieces a pensar menos y a confiar más en las respuestas que surgen en tu interior.

Podrías imaginar el mundo exterior como una cinta transportadora cargada con pequeños paquetes en fila, siempre en funcionamiento. El primer paso consiste en notar que la cinta transportadora está ahí. Y luego, cada vez que lo desees, puedes tomar un paquete, desenvolverlo y ver qué contiene.

Un ejercicio útil podría ser abrir un libro al azar y leer la primera frase que encuentren tus ojos. Piensa cómo se aplican las palabras a tu situación. Si te aportan algo relevante, podría deberse a la casualidad, pero podrías considerar la posibilidad de que la casualidad no sea el único factor en juego. Cuando se me desgarró el apéndice, el médico que me atendió insistió en que acudiera al hospital de inmediato para que me lo extirparan. Me dijeron que no tenía otra opción. Pasé frente a una librería cercana y sobre una mesa, en el exterior, encontré el último libro del doctor Andrew Weil. Lo tomé y dejé que se abriera en una página cualquiera. El primer párrafo en el que se posaron mis ojos decía: «Si un médico te quiere extirpar una parte del cuerpo y te dice que no tiene ninguna función, no le creas». Recibí la información que necesitaba en ese momento. Y todavía tengo el apéndice.

Cuando las pistas asoman, la sensación se parece al delicado mecanismo de un reloj. Es como si el universo te recordara mediante pequeños gestos que está de tu lado y que desea ofrecerte todo lo que necesitas para llevar a cabo tu misión.

Busca lo que tú percibes
y nadie más ve.

En la práctica

En la naturaleza, los animales deben reducir su campo de visión para sobrevivir. Un foco reducido impide que se distraigan de sus necesidades primarias.

Alimento,

Refugio,

Depredadores,

Reproducción.

Para el artista, ese reflejo puede suponer un obstáculo. Ampliar el panorama nos permite percibir más momentos de interés y acumular un valioso material al que recurrir más tarde.

Practicar es corporeizar el enfoque de un concepto. Nos ayuda a generar la mentalidad deseada. Cuando repetimos el ejercicio de abrir los sentidos a lo que hay, estamos más cerca de vivir en un estado de apertura constante. Creamos un hábito. Una rutina por la cual la consciencia amplia constituye nuestra forma preestablecida de estar en el mundo.

Ahondar en esta disciplina es embarcarse en una relación más profunda con la Fuente. Según vamos reduciendo la interferencia del filtro, somos más capaces de identificar los ritmos y los movimientos del entorno. El reconocimiento nos permite participar en ellos de manera más armoniosa.

Cuando ponemos atención a los ciclos del planeta y elegimos vivir de acuerdo con sus estaciones, sucede algo extraordinario. Nos conectamos.

Empezamos a considerarnos parte de un todo mayor que se regenera constantemente. Y es posible que sintonicemos con esa fuerza todopoderosa siempre en expansión y que cabalguemos su ola creativa.

⊙

Para poner en práctica la apertura, podemos establecer un programa diario y comprometernos a realizar rituales específicos en momentos concretos del día o de la semana.

No hace falta que sean acciones espectaculares. Los pequeños rituales marcan una gran diferencia.

Podríamos, por ejemplo, respirar tres veces lenta y profundamente al despertar cada mañana. Un acto tan sencillo puede contribuir a que comencemos cada día tranquilos, centrados y presentes en el momento.

También podríamos comer con atención plena, saboreando despacio cada bocado y apreciando su sabor. Dar un paseo diario por la naturaleza, mirando todo aquello que entra en nuestro campo de visión desde la gratitud y la conexión. Concedernos unos segundos para maravillarnos ante la sensación de percibir los latidos del corazón y el movimiento de la sangre a través de las venas, antes de dormir.

El sentido de los ejercicios no radica necesariamente en hacerlos, igual que el objetivo de la meditación no es el hecho de meditar. Los ponemos en práctica para transformar nuestra manera de ver el mundo también cuando no los estamos llevando a cabo. Desarrollamos la musculatura psíquica para afinar nuestra sintonización. En eso consiste el trabajo.

La consciencia necesita reiniciarse de forma incesante. Si lo conviertes en un hábito, quizá en un buen hábito, tendrá que reinventarse una y otra vez.

Y un día te darás cuenta de que practicas la consciencia en todo momento, en cualquier lugar, y que vives en un estado de apertura constante.

Afrontar la vida como un artista es una disciplina.
O lo pones en práctica a diario
o no es posible.

No tiene sentido decir que no eres bueno.
Sería como decir: «No sería un buen monje».
O vives como un monje o no.

Tendemos a pensar en la obra del artista como el objeto creado.

La verdadera obra del artista
es su manera de estar en el mundo.

Inmersión
(Las grandes obras de arte)

Desarrollar la consciencia es una decisión que podemos tomar en cualquier momento.

No se trata de una misión con una meta, si bien se alimenta de curiosidad y ansia. El ansia de ver cosas hermosas, escuchar sonidos hermosos, percibir sensaciones más profundas. De aprender y experimentar fascinación y sorpresa sin cesar.

Con el fin de potenciar este instinto, plantéate sumergirte en el canon de las grandes obras. Lee la mejor literatura, ve las obras maestras del cine, familiarízate con las pinturas más influyentes, visita obras arquitectónicas relevantes. No hay una lista universal; cada cual define la excelencia desde su criterio.

El «canon» cambia constantemente, a lo largo del tiempo y el espacio. Pero, sea como sea, exponernos a las grandes obras de arte nos extiende una invitación. Nos impulsa hacia delante y abre la puerta a la posibilidad.

Si tomas la decisión de leer literatura clásica a diario durante un año en lugar de leer las noticias, al final de ese periodo tendrás una sensibilidad más afinada para reconocer la excelencia, procedente de los libros y no de los medios.

Eso se extiende a todas las elecciones que hacemos. No solo en el caso del arte, sino de los amigos que escogemos, las conversaciones que mantenemos e incluso los pensamientos a los que damos vueltas. Nos ayuda a decidir qué merece nuestro tiempo y atención.

Como tenemos acceso a una cantidad de datos ilimitada y nuestra capacidad de almacenamiento tiene límites, no sería mala idea administrar con cuidado la calidad de la información a la que permitimos la entrada.

El principio no se aplica tan solo cuando nuestro objetivo es crear arte de relevancia duradera. Aun si te propones preparar comida rápida, sin duda sabrá mejor si experimentas con los mejores alimentos frescos a lo largo del proceso. Eleva el nivel de tu gusto.

El objetivo no es aprender a imitar la grandeza, sino calibrar nuestro medidor interno de esplendor de modo que estemos en una posición mejor para tomar la infinidad de decisiones que conducirán a nuestra propia gran obra.

La naturaleza como maestra

De todas las grandes obras a las que tenemos acceso, la naturaleza es la más absoluta y duradera. Nos permite observar sus cambios a través de las estaciones. La podemos contemplar en las montañas, los océanos, los desiertos y los bosques. Podemos presenciar los cambios de la luna cada noche y las relaciones entre la luna y las estrellas.

Nunca faltan motivos de asombro e inspiración en la naturaleza. Si dedicáramos la vida únicamente a reparar en los cambios de la luz natural y las sombras conforme pasan las horas, descubriríamos algo nuevo a cada momento.

No hace falta entender la naturaleza para apreciarla. Lo mismo se aplica a todas las cosas. Limítate a ser consciente de esos momentos en los que algo de gran belleza te deja sin aliento.

Podría suceder contemplando una hilera de aves que vuelan sincronizadas a la luz del atardecer o maravillándonos a los pies de una secuoya gigante que tiene miles de años. Hay tanta sabiduría en la naturaleza que, cuando nos detenemos a contemplarla, nos despierta una sensación de posibilidad. A través de la comunión con la naturaleza nos acercamos a nuestra propia esencia.

Si escoges los colores de un catálogo de Pantone, te limitas a cierto número de opciones. Si sales a dar un paseo por la naturaleza, la paleta es infinita. Dentro de cada piedra hay tal variedad de color que jamás podrías encontrar una lata de pintura capaz de imitar ese mismo tono exacto.

La naturaleza trasciende nuestra tendencia a etiquetar y clasificar, a reducir y limitar. El mundo natural es inconmensurable en su riqueza, más enrevesado y complicado de lo que nos han enseñado y, en consecuencia, dotado de misterio y belleza infinitos.

Profundizar nuestra conexión con la naturaleza alimenta al espíritu, y lo que alimenta al espíritu engrandece nuestra producción artística.

Cuanto más nos acerquemos al mundo natural, empezaremos a comprender de mejor forma que no somos entes aislados. Y que, cuando creamos, no nos limitamos a expresar nuestra individualidad, sino también nuestra conexión permanente con la unidad infinita.

No es casual que el océano
atraiga nuestra mirada.
Dicen que el mar ofrece
un reflejo más fiel de nuestra esencia
que cualquier espejo.

Nada es estático

⊙

El mundo cambia sin cesar.

Puedes llevar a cabo la misma práctica de atención consciente cinco días seguidos en el mismo sitio y vivir una experiencia única en cada ocasión.

Tal vez percibas distintos sonidos y olores diferentes. No hay dos ráfagas de viento iguales. El tono y la calidad de la luz solar cambian de un instante a otro, de un día para otro.

En la diversidad de la naturaleza, las variaciones se aprecian con facilidad. Algunas son estrepitosas; otras, sutiles cual susurros. Aun si un elemento parece estático, ya sea una obra de arte de un museo o un objeto cotidiano de la cocina, cuando lo observamos a fondo apreciamos algo nuevo. Identificamos aspectos que nos habían pasado desapercibidos. Si releemos el mismo libro una y otra vez, es probable que descubramos nuevos temas, subtemas, detalles y relaciones.

No puedes bañarte dos veces en el mismo río porque siempre está fluyendo. Todo fluye.

El mundo cambia constantemente. No importa con qué frecuencia ejercitemos la atención, siempre habrá algo nuevo en lo que reparar. Depende de nosotros dar con la diferencia.

De manera parecida, nosotros siempre estamos cambiando, creciendo, evolucionando. Aprendemos cosas y las olvidamos. Experimentamos distintos estados de ánimo, pensamientos y procesos inconscientes. Las células del cuerpo mueren y se regeneran. Nadie es la misma persona a lo largo del día.

Aun si el mundo exterior permaneciera estático, la información que asimiláramos cambiaría sin cesar. Y también lo haría la obra que elaboráramos.

La persona que hace algo hoy
no es la misma persona
que retoma su obra mañana.

Mira hacia adentro

⊙

Oigo el susurro del agua que corre a lo lejos.

Noto la brisa de un aire que podría ser cálido, aunque no estoy seguro, porque para el vello de mi brazo la sensación de movimiento resulta refrescante.

Dos pájaros cantan y, con los ojos cerrados, los ubico a cincuenta pasos de distancia, detrás de mí y a la derecha.

Ahora un pájaro más pequeño, o al menos con un trino más agudo y débil, entra en el paisaje sonoro a mi espalda, por la izquierda. A juzgar por la combinación de los ritmos, me parece claro que los pájaros no conversan. Cada uno canta su propia canción.

Percibo el sonido de un vehículo que pasa y, a la distancia, voces infantiles. Una música difusa se deja oír a la izquierda.

Siento comezón en el lado izquierdo de la cara, justo delante de la oreja.

Pasa un vehículo que emite un sonido más intenso y pesado, y un fragmento de música de jazz empieza a sonar mucho más cerca de mi posición. Me doy cuenta de que yo la había dejado puesta a un volumen suave y era inaudible hasta este momento.

Llega alguien. Abro los ojos. Y todo desaparece.

Es habitual pensar que la vida consiste en una serie de experiencias externas. Y que debemos vivir una existencia extraordinaria de puertas para afuera, de modo que tengamos algo que compartir. La experiencia de nuestro mundo interno a menudo se pasa por alto.

Si nos concentramos en lo que está ocurriendo en nuestro interior —las sensaciones, las emociones, los patrones de nuestros pensamientos—, encontramos un enorme caudal de material. Nuestro mundo interior es sin la menor sombra de duda tan interesante, hermoso y sorprendente como la misma naturaleza. Al fin y al cabo, procede de ella.

Cuando miramos hacia dentro, procesamos lo que sucede fuera. Ya no estamos separados. Nos conectamos. Somos uno.

Al fin y al cabo no cambia nada si el contenido se origina dentro o fuera. Si un pensamiento bonito o una frase soberbia acuden a tu mente o si ves un ocaso precioso, no hay uno que sea mejor que el otro. Todos son igual de hermosos, solo que de distinta manera. Es útil ser conscientes de que siempre hay más opciones a nuestra disposición de las que tomamos en cuenta *a priori*.

Recuerdos y el inconsciente

⊙

Algunos cantantes, cuando les presentan la parte instrumental de un nuevo tema, graban los primeros sonidos que les salen del interior, sin reflexión ni preparación.

A menudo cantan palabras al azar o sonidos que ni siquiera son palabras. No es infrecuente que de ese desorden surja una historia o aparezcan palabras clave.

En ese proceso no hay un intento consciente de componer nada. La obra se crea a nivel subconsciente. El material existe oculto en el interior.

Hay prácticas que te pueden ayudar a acceder a ese pozo tan profundo que llevas dentro. Puedes probar, por ejemplo, un ejercicio de liberación de la rabia que consiste en golpear una almohada durante cinco minutos. Es más difícil de lo que parece hacerlo durante todo ese tiempo. Cronométrate y aplícate a fondo. A continuación llena cinco páginas con lo que te salga.

El objetivo es no pensar en ello, evitar cualquier tipo de control consciente sobre el contenido. Limítate a escribir las palabras que surjan.

Hay una abundante reserva de información de alta calidad en el inconsciente, y buscar vías de acceso puede brindarnos nuevo material al que recurrir.

La psique participa de una sabiduría universal más profunda que los pensamientos de la mente consciente. Nos puede ofrecer perspectivas infinitamente más amplias. Es una fuente oceánica.

No sabemos cómo ni por qué funciona, pero muchos artistas conectan con algo que está más allá de sí mismos sin entender el proceso, tan solo a través del acceso al inconsciente.

Con frecuencia, alcanzar esos estados no depende de nosotros. Algunos artistas crearon sus mejores obras cuando tenían fiebre, con una temperatura próxima a los 40 grados. Esas situaciones como de trance permiten sortear el cerebro pensante y acceder a un estado de ensoñación.

Hay gran sabiduría en los reinos que transitamos entre la vigilia y el sueño. Justo antes de quedarte dormido, ¿qué pensamientos e ideas acuden a ti? ¿Cómo te sientes cuando despiertas de un sueño?

De acuerdo con la sabiduría del yoga de los sueños tibetano, entre otras tradiciones, los sueños son tan reales —o irreales— como la vigilia.

Llevar un diario de sueños nos puede resultar útil. Deja una pluma y un cuaderno junto a la cama y, tan pronto como despiertes, empieza a escribir de inmediato con tanto detalle como puedas antes de hacer otra cosa. Reduce al mínimo el movimiento. El solo gesto de girar la cabeza puede ser suficiente para desalojar el sueño de la memoria almacenada.

Mientras escribes, la imagen se irá revelando y evocarás más partes de la historia, del escenario, más detalles de los que recordabas al tomar la pluma y el papel. Cuanto más practiques este ejercicio, una mañana tras otra, más fácil te resultará recordar los sueños. También te sería de ayuda expresar la intención de acordarte de ellos antes de cerrar los ojos.

Los recuerdos también se pueden considerar algo parecido a un sueño. Son más relatos románticos que documentos fidedignos de vivencias reales. Y podemos encontrar un contenido interesante en esas memorias fantasiosas que guardamos de nuestras experiencias pasadas.

Otra herramienta útil es el azar; o, más exactamente, el azar aparente, por cuanto podría existir cierto orden en planos que escapan a nuestra comprensión.

Cuando hacemos una consulta al *I Ching*, por ejemplo, no decidimos cómo caerán los palillos o las monedas. Sin embargo, a través de ellos obtenemos información que podemos emplear para tomar decisiones y, una vez más, sortear la mente consciente y quizá conectar con una inteligencia mayor.

Siempre está ahí

⊙

El sol influye en mí de manera notable. Si el día está radiante, me siento lleno de energía. Cuando el día es sombrío, mi estado de ánimo también es sombrío.

En esos días nublados ayuda conectar con el hecho de que el sol sigue ahí. Tan solo está escondido tras una capa más gruesa de nubes. A mediodía, el sol está alto en el cielo, tanto si vemos su fulgor como si no.

De manera parecida, sea cual sea nuestro grado de atención, la información que buscamos está ahí afuera. Si estamos presentes, sintonizaremos con ella más claramente. Si no lo estamos, no la advertiremos.

Cuando no somos capaces de escuchar los mensajes, estos no desaparecen. El día de mañana ofrece otra ocasión para la consciencia, aunque nunca será una oportunidad para la misma consciencia.

Escenario

⊙

El entorno influye en todos nosotros, y encontrar el ideal para generar un canal claro es una cuestión personal que requiere experimentación. También depende de nuestras intenciones.

Los lugares aislados como un bosque, un monasterio o un barco de vela en mitad del océano son ubicaciones excelentes para recibir transmisiones directas del universo.

Si en vez de eso deseas sintonizar con el inconsciente colectivo, deberías buscar una zona concurrida, con gente yendo y viniendo, y experimentar la Fuente a través del filtro de la humanidad. Este enfoque mediado no es menos válido que el otro.

Un paso más allá sería conectar con la propia cultura a través de un consumo constante de arte, entretenimiento, noticias y redes sociales poniendo atención a las pautas que el universo suscita.

Es útil contemplar las corrientes culturales sin sentirse obligado a seguir el sentido de su flujo. En vez de eso, repara en ellas desde la misma postura conectada y desapegada con la que repararías en una brisa cálida. Muévete a su ritmo sin llegar a formar parte de ellas.

El lugar que permite conectarse a una persona puede ser una distracción para otra. Y distintos entornos pueden ser adecuados en diferentes momentos de tu proceso artístico. Cuentan que Andy Warhol creaba con la televisión, la radio y un tocadiscos encendidos simultáneamente. Eminem prefiere componer con el ruido de un único televisor de fondo. Marcel Proust cubría las paredes con corcho aislante, cerraba las cortinas y se ponía tapones en los oídos. Kafka también necesitaba un silencio extremo; «no como un ermitaño —dijo una vez—, sino como un muerto». No hay maneras incorrectas. Tan solo existe tu manera.

No siempre es fácil captar la sutil información energética que transmite el universo, en particular cuando los amigos, la familia, los compañeros de trabajo o las personas que sienten un interés empresarial por tu creatividad ofrecen consejos, en apariencia racionales, que contradicen tu saber intuitivo. Dentro de mis posibilidades, he seguido mi intuición en cada una de mis actividades profesionales, y todas las veces me habían aconsejado que no lo hiciera. Ayuda saber que es preferible hacer caso al universo que a las personas de nuestro entorno.

Las interferencias también pueden proceder de las voces internas. Esas voces que, en tu cabeza, murmuran que no tienes suficiente talento, que tu idea no es lo bastante buena, que no vale la pena invertir tiempo en el arte, que el resultado no será bien recibido, que serás un fracasado si no tienes éxito. Te ayudará bajar el volumen de esas voces para de esta forma oír las campanadas del reloj cósmico. Tocan para recordarte que ha llegado el momento.

Tu momento de participar.

Inseguridad

⊙

Todos dudamos de nuestras capacidades. Y aunque nos gustaría que desaparecieran, las dudas están ahí para darnos un servicio.

Los errores son humanos, y la atracción que ejerce el arte procede de la humanidad que alberga. Si fuéramos como máquinas, el arte no resonaría. Carecería de alma. El dolor, la inseguridad y el miedo son inseparables de la vida.

Todos somos distintos, todos somos imperfectos, y esas imperfecciones hacen que nosotros y nuestras obras seamos interesantes. Creamos piezas que reflejan quiénes somos, y si la inseguridad forma parte de nuestra persona, nuestro trabajo proyectará, a consecuencia de esta, mayor autenticidad.

La creación artística no es un acto competitivo. Nuestro trabajo representa nuestro yo. Te equivocarías si dijeras: «No tengo las capacidades que hacen falta para afrontar este desafío». Sí, es posible que debas perfeccionar tu destreza para plasmar plenamente tu visión. Si tú no te sientes capaz, nadie más puede hacerlo. Solo tú. Eres la única persona en posesión de tu voz particular.

Las personas que deciden expresarse a través del arte son, con frecuencia, las más vulnerables. Hay cantantes considerados entre los mejores del mundo que no soportan escuchar su propia voz. Y no son excepciones. Muchos artistas de distintos ámbitos se enfrentan a problemas parecidos.

La misma sensibilidad que les permite crear obras de arte es la vulnerabilidad que los hace menos resistentes a las críticas. Sin embargo, muchos siguen compartiendo su trabajo y se arriesgan a ser juzgados a pesar de todo. Es como si no pudieran evitarlo. Su condición de artistas es su identidad y se sienten realizados a través de la autoexpresión.

Si a un creador le asustan tanto las críticas que se siente incapaz de continuar avanzando, es posible que el deseo de compartir su obra no sea tan fuerte como el anhelo de protegerse. Puede que el arte no sea para él. Tal vez su temperamento se adapte mejor a otra actividad. Este camino no es para todo el mundo. La adversidad forma parte del proceso.

No estamos obligados a responder a esta vocación por el hecho de poseer un talento o habilidad. Vale la pena recordar que la posibilidad de crear es una bendición. Es un privilegio. Lo escogemos. Nadie nos ordena que lo hagamos. Si preferimos no hacerlo, nadie nos obliga.

Algunos artistas de éxito arrastran grandes inseguridades, se sabotean, sufren adicciones o se enfrentan a otros obstáculos mientras crean y comparten su obra. Una mala autoimagen o alguna adversidad vital pueden ser el combustible que permita crear grandes obras de arte, al convertirse en un pozo profundo de intuición y emoción del que un artista extrae material. También pueden impedir que sea capaz de crear durante largos periodos de tiempo.

Las personas que experimentan este tipo de dificultades, por lo general, no pueden llevar a cabo un trabajo creativo de manera continuada. No se debe a que carezcan de capacidad artística, sino a que solo en contadas ocasiones consiguen superar sus problemas, y entonces crean grandes obras.

Una de las razones por las que muchos artistas mueren de sobredosis en épocas tempranas de su vida es que emplean las drogas para anestesiar una existencia muy dolorosa. Ese dolor es la razón de que se hicieran artistas en un primer momento: su extraordinaria sensibilidad.

Si uno ve belleza prodigiosa o un tremendo dolor allí donde otros ven poco o nada en absoluto, tendrá que experimentar sentimientos intensos una y otra vez. Esas emociones pueden resultar desconcertantes o abrumadoras. Cuando las personas a nuestro alrededor no ven lo que uno ve ni perciben lo que uno percibe, la situación puede conducir a una sensación de aislamiento y de no encajar, de otredad.

Esas emociones tan potentes, que resultan poderosas cuando se expresan en una obra, son las mismas nubes sombrías que uno desea atenuar para poder dormir o levantarse de la cama y afrontar el día por la mañana. Son una bendición y una maldición.

Compensar

Si bien el trasfondo emocional de la inseguridad puede beneficiar al arte, en ocasiones interfiere en el proceso creativo. Empezar una obra, terminarla y compartirla son momentos clave en los cuales muchos nos atoramos.

¿Cómo avanzar, tomando en cuenta las historias que nos contamos?

Una de las mejores estrategias es bajar el listón.

Tendemos a pensar que estamos creando lo más importante de nuestra vida y que nos va a definir por toda la eternidad. Plantéate avanzar desde la perspectiva, más exacta, de que se trata de una obra menor, un comienzo. La misión es completar el proyecto para poder pasar al siguiente. Este será un trampolín para el que venga a continuación, y así sucesivamente con un ritmo productivo durante toda tu vida creativa.

El arte es un proceso en curso. Ayuda contemplar la pieza en la que estamos trabajando como un experimento. No podemos predecir el resultado. Cualquiera que sea, obtendremos información útil que beneficiará al siguiente experimento.

Si empiezas desde una posición en la que no hay nada correcto ni incorrecto, bueno ni malo, y en la que la creatividad es un juego libre, sin reglas, te resultará más fácil sumergirte con alegría en el proceso de crear.

No jugamos para ganar, jugamos por jugar. Y, al fin y al cabo, jugar es divertido. El perfeccionismo es enemigo de la diversión. Un objetivo más astuto sería intentar sentirse cómodo con el proceso. Para crear y publicar obras sucesivas con facilidad.

Oscar Wilde dijo que algunas cosas son demasiado importantes para tomárselas en serio. El arte es una de esas cosas. Poner el listón bajo, sobre todo al principio, te da la libertad de jugar, explorar y probar sin apegarte a los resultados.

Este procedimiento no solo sirve para tener pensamientos más constructivos; las mejores obras surgen de jugar activamente y de experimentar hasta que el resultado nos proporciona una sorpresa maravillosa.

⊙

Otro sistema para vencer las inseguridades es etiquetarlas. Una vez trabajé con un artista que estaba paralizado por las dudas y era incapaz de avanzar. Le pregunté si conocía el concepto budista de *papancha*, que se traduce como «proliferación mental». Se refiere a la tendencia de la mente a responder a las experiencias con una avalancha de parloteo mental.

Me respondió: «Sé perfectamente lo que es. Ese soy yo».

Al tener un nombre que darle a eso que lo retenía, fue capaz de normalizar sus dudas y no tomárselas tan a pecho. Cuando surgían, las definíamos como *papancha*, poníamos atención en ellas y seguíamos adelante.

En otra ocasión estaba en una reunión con otra artista que acababa de publicar un álbum de gran éxito, pero tenía miedo de continuar con su trabajo, y me recitó una lista de razones por las que no quería seguir componiendo música. Siempre hay buenos motivos para no continuar.

«No pasa nada, no tienes por qué volver a componer nunca más. No hay nada malo en ello. Si no te hace feliz, abandónalo. Tú decides».

Tan pronto como lo dije, su expresión cambió y comprendió que sería más feliz creando que no haciéndolo.

La gratitud también nos puede ayudar. Ser consciente de que tienes suerte de estar en una posición que te permite crear y, en algunos casos, cobrar por una actividad que te encanta puede inclinar la balanza hacia el trabajo.

En último término, el deseo de crear debe ser mayor que el miedo a hacerlo.

Aun en el caso de los artistas más reconocidos, el miedo nunca desaparece. Cierto cantante legendario nunca superó el miedo escénico a pesar de que llevaba actuando más de cinco décadas. Sentía un terror tan intenso que sufría náuseas, pero de todos modos se ponía cada noche bajo los reflectores y realizaba un espectáculo soberbio. Al aceptar las dudas en lugar de intentar eliminarlas o reprimirlas, reducimos su energía e interferencia.

⊙

Vale la pena poner atención en la diferencia entre dudar del trabajo y dudar de uno mismo. Dudar del trabajo sería, por ejemplo: «No sé si este tema es tan bueno como podría ser». Dudar de uno mismo sería más bien: «No soy capaz de componer una buena canción».

Las dos afirmaciones están a años luz de distancia, tanto en exactitud como en el impacto que causan en el sistema nervioso. Dudar de uno mismo nos puede llevar a un estado de desesperación, a perder la capacidad de afrontar la tarea que tenemos entre manos. Pensar en blanco o negro nos paraliza.

En cambio, dudar de la calidad del trabajo en ocasiones puede ayudar a mejorarlo. Tomando en cuenta las dudas es posible alcanzar la excelencia.

Si llegas a una versión imperfecta de una obra que te encanta, tal vez descubras que, cuando por fin te parece perfecta, no te gusta tanto como antes. Eso apunta a que la versión imperfecta era la buena. El secreto de una obra no es la perfección.

El corrector ortográfico me indica que tiendo a inventar palabras. Escribo un término y el corrector me dice que no existe. Hay veces en que, aunque me sugiera lo que yo pretendo decir, decido usar mi término de todos modos. Sé lo que significa y es posible que el lector entienda mejor el significado que si hubiera empleado la palabra adecuada.

Las mismas imperfecciones que te sientes tentado a arreglar pueden acabar siendo el detalle que convierta la obra en algo extraordinario. Otras veces no será así. Casi nunca sabemos lo que dota de excepcionalidad a una pieza. Nadie lo sabe. Las razones más plausibles son teorías en el mejor de los casos. El porqué está más allá de nuestra comprensión.

La inclinación de la Torre de Pisa fue un error arquitectónico que los constructores empeoraron al tratar de corregirlo. Hoy, cientos de años más tarde, es uno de los edificios más visitados del mundo precisamente a causa de ese error.

En Japón existe una manera artística de reparar la cerámica denominada *kintsugi*. Cuando una pieza se rompe, en lugar de intentar restaurarla, el artesano acentúa el defecto empleando oro para unir los fragmentos. El material atrae la atención a las líneas de rotura, ahora transformadas en vetas doradas. El defecto, en vez de restarle belleza al objeto, se convierte en un foco de atención, un aspecto que le otorga fuerza tanto física como estética. La cicatriz también nos cuenta la historia de la pieza, por cuanto narra su experiencia pasada.

Podemos aplicar esa misma técnica y aceptar con orgullo nuestras imperfecciones. Cualquier inseguridad se puede reenfocar como una energía que guíe nuestra creatividad. Solamente se vuelve un impedimento cuando merma nuestra capacidad de compartir lo que tenemos más cerca del corazón.

El arte crea una profunda conexión
entre el artista y el público.
A través de esa conexión,
ambos pueden sanar.

Distracción

Cuando se usa con habilidad, puede ser una de las mejores herramientas al alcance de un artista. En algunos casos es el único modo de llegar adonde nos dirigimos.

Cuando meditamos, tan pronto como la mente se acalla, la preocupación o los pensamientos que surgen pueden conquistar ese espacio mental despejado. Por eso muchas escuelas de meditación enseñan a los alumnos a emplear un mantra. Una frase repetida de forma automática deja poca cabida en la mente para pensamientos que nos saquen del presente.

Así pues, el mantra es una distracción. Y si bien ciertas distracciones nos impiden estar presentes, otras mantienen ocupada nuestra parte consciente, de manera que el inconsciente sea libre para hacer el trabajo. El kombolói, el rosario o el mala funcionan del mismo modo.

Cuando alcanzamos un punto muerto en cualquier fase del proceso creativo, puede resultar útil apartarse del proyecto para abrir espacio y permitir que aparezca una solución.

Podemos dejar que un problema se resuelva en el fondo de la consciencia en lugar de hacerlo en la zona frontal de la mente. De esa forma lo tenemos presente a la vez que llevamos a cabo una tarea sencilla que no guarda relación con él. Algunos ejemplos son manejar, caminar, nadar, bañarse, lavar los platos, bailar o cualquier actividad que se pueda realizar en piloto automático. En ocasiones el movimiento físico también activa las ideas.

A algunos músicos, por ejemplo, les resulta más fácil crear las melodías mientras manejan que sentados en una sala con una grabadora. Este tipo de distracciones mantiene ocupada una parte de la mente al tiempo que deja espacio en la otra para lo que pueda surgir. Tal vez esta forma de «pensamiento no pensante» nos permita acceder a una parte diferente del cerebro. Una con la capacidad de ver distintos ángulos en lugar del camino directo.

La distracción no es procrastinación. La procrastinación socava de manera sistemática nuestra capacidad de crear. La distracción es una herramienta al servicio del trabajo.

En ocasiones desvincularse
es el mejor modo de vincularse.

Colaboración

⊙

Nada comienza en nosotros.

Cuanta más atención ponemos, más entendemos que toda obra es una colaboración.

Es una contribución con el arte que se hizo antes y el que se hará después. También es una colaboración con el mundo que habitamos. Con las experiencias que hemos vivido. Con las herramientas que empleamos. Con el público. Y con la persona que somos hoy.

El «yo» posee muchos aspectos distintos. Es posible crear una pieza, amarla y luego observarla al día siguiente y tener sensaciones totalmente distintas hacia ella. El «artista inspirado» de tu yo puede entrar en conflicto con el artesano, sentirse decepcionado de que este sea incapaz de plasmar su visión. Los creadores a menudo experimentan este conflicto, ya que no hay conversión directa del pensamiento abstracto al mundo material. La obra siempre es una interpretación.

El artista tiene múltiples facetas, y la creatividad es un debate interno entre los diversos aspectos del ser. La negociación prosigue hasta que esos aspectos crean la mejor obra que pueden lograr juntos.

La propia obra también tiene muchas caras. Uno crea una pieza creyendo entenderla a la perfección y entonces llega otra persona, la experimenta y afirma comprenderla cuando cada uno está viendo una cosa completamente distinta. Lo interesante de esta idea es que ninguno tiene razón. Y los dos la tienen.

No es algo que nos deba preocupar. Si el artista está contento con su creación y el espectador se siente estimulado por la obra que experimenta, no importa si ven lo mismo o no. De hecho, es imposible que nadie experimente tu obra como tú, ni como otra persona.

Podrías tener una idea muy clara de lo que significa una pieza, cómo funciona o cuál es su encanto; y otra persona puede apreciarla o no por razones totalmente distintas.

El objetivo de la obra es despertar algo en ti en primer lugar y luego dejar que despierte algo en los demás. Y si resulta que no coinciden, no hay problema. Solo puedes aspirar a que la *magnitud* de la carga emocional que experimentas reverbere en los demás con la misma energía que en ti.

En ocasiones el artista no es el artífice de la obra. Marcel Duchamp buscaba objetos cotidianos —una pala de nieve, una rueda de bicicleta, un urinario— y los elevaba a la categoría de arte. Los llamaba *ready-made*. Una pintura no es más que una pintura hasta que le pones un marco y la cuelgas en la pared. Entonces se convierte en arte.

Lo que consideramos arte es sencillamente una convención. Y nada de eso es verdad.

Lo que sí es real es que nunca estás solo cuando creas arte. Mantienes un diálogo constante con lo que hay y lo que hubo, y cuanto más conectes con esa conversación, más se beneficiará la obra que tienes entre manos.

Intención

⊙

Un anciano de Calcuta caminaba a diario para ir a buscar agua al pozo. Llevaba una vasija de barro y la bajaba despacio, a mano, con cuidado de que no golpeara las paredes del pozo y se rompiera.

Una vez que estaba llena, subía la vasija con cautela. Era un acto que requería la máxima concentración y que le ocupaba un buen rato.

Cierto día, un viajero vio al anciano llevar a cabo la delicada tarea. Más familiarizado con la mecánica, le mostró al hombre cómo usar un sistema de poleas.

—Con esto, la vasija bajará más deprisa —explicó el viajero—. Podrás llenarla de agua y volver a subirla sin que golpee las paredes. Es mucho más fácil y la vasija se llenará igual con mucho menos esfuerzo.

El anciano lo miró y le dijo:

—Creo que voy a seguir haciéndolo a mi manera. Me obliga a pensar cada movimiento y, para hacerlo bien, tengo que poner mucha atención. Imagino que, si usara la polea, me resultaría más fácil y tal vez pensaría en otra cosa mientras lo hago. Si dedico tan poca atención y tiempo, ¿a qué sabrá el agua? Es imposible que sepa igual de bien.

Nuestros pensamientos, sentimientos, procesos y convicciones inconscientes albergan una energía que se transmite a la obra. Esa fuerza imperceptible a simple vista aporta magnetismo a cada pieza. Un proyecto terminado tan solo consta de nuestra intención y de los experimentos que requirió. Si le quitas la intención, únicamente queda una bonita cáscara.

Por más que el artista tenga distintos objetivos y motivos en mente, intención no hay más que una. Y este es el gran gesto de la obra.

No se trata de un ejercicio de pensamiento ni de una meta que debas fijar de antemano o una estrategia de mercantilización. Es una verdad que vive en ti. A través de tu vivencia, esa verdad queda integrada en la pieza. Si no representa quién eres y lo que estás viviendo, ¿cómo puede albergar una carga energética?

Una intención es más que un propósito consciente; es la congruencia de ese propósito. Requiere que todos los aspectos del ser estén alineados. El pensamiento consciente y las creencias inconscientes, las competencias y el compromiso, las acciones que funcionan y las que no. Es un estado por el cual vives en armonía contigo.

No todos los proyectos requieren tiempo, pero sí necesitan de toda una vida. En la caligrafía, la obra consiste en un movimiento del pincel. Toda la intención se concentra en ese único gesto. La línea es un reflejo de la energía que el ser del artista transmite a la mano, incluida la historia de sus experiencias, pensamientos y temores. La energía creativa existe en el viaje hasta el hacer, no en el acto de construir en sí.

⊙

Nuestro cuerpo encarna un propósito mayor. Tanto si lo sabemos como si no, somos un conducto del universo. Permitimos que el material nos atraviese. Si el canal está despejado, nuestra intención refleja la intención del cosmos.

Casi todos los creadores piensan en sí mismos como en directores de una orquesta. Si ampliamos nuestra pequeña perspectiva de la realidad, nos damos cuenta de que funcionamos más como instrumentistas en una sinfonía mucho mayor orquestada por el universo.

Tal vez no acabemos de entender qué es esta obra maestra, porque únicamente vemos la pequeña parte que interpretamos nosotros.

La abeja, atraída por la fragancia de las flores, se posa en una y luego en otra, facilitando sin saberlo la reproducción. Si las abejas se extinguieran, no solo las flores sino también los pájaros, los mamíferos pequeños y los humanos probablemente dejarían de existir. Podemos dar por sentado que la abeja no conoce su papel en este rompecabezas interconectado y en su preservación del equilibrio natural. La abeja se limita a ser.

De un modo parecido, el producto total de la creatividad humana, en toda la inmensidad de su aliento caleidoscópico, articula el tejido que conforma nuestra cultura. La intención subyacente de nuestra obra es lo que le permite encajar de manera armoniosa en este tejido. Rara vez o nunca conocemos la intención mayor, pero si cedemos igualmente al impulso creativo, nuestra pieza aislada del rompecabezas adopta la forma adecuada.

La intención es lo único que existe. La obra no es más que un recordatorio.

Reglas

⊙

Son principios orientativos o criterios creativos. Pueden proceder del interior del artista, del género o de la cultura y, por su misma naturaleza, constituyen restricciones.

Las leyes de las matemáticas y las ciencias son distintas de las normas que rigen lo que estamos contemplando aquí. Las primeras definen relaciones precisas del mundo físico, y sabemos que son ciertas porque las ponemos a prueba en el propio mundo.

Las reglas que aprenden los artistas no se parecen a estas. Son conjeturas, no certezas. Describen un método u objetivo para obtener resultados a corto o largo plazo. Están ahí para ser puestas a prueba. Y únicamente tienen valor en tanto que resulten de utilidad. No son leyes naturales.

Todo tipo de conjeturas se disfrazan de normas: la sugerencia de un libro de autoayuda, algo que escuchaste en una entrevista, un consejo de tu artista favorito, una tendencia cultural o algo que un profesor te dijo una vez.

Las normas nos llevan a conductas estándar. Si pretendemos crear obras que sean excepcionales, la mayoría de las reglas no se aplican. No aspiramos a conseguir un resultado estándar.

El objetivo no es adecuarse a lo que se lleva. En todo caso sería potenciar las diferencias, lo que no encaja, las características únicas y especiales de nuestra visión del mundo.

En lugar de sonar igual que los demás, valora tu propia voz. Desarróllala. Apréciala.

En cuanto una convención queda fijada, el trabajo más interesante será aquel que se aleje de esta. La razón para hacer arte es innovar y expresarnos a nosotros mismos, mostrar algo nuevo, compartir lo que llevamos dentro y comunicar nuestra singular perspectiva.

⊙

Las presiones y las expectativas proceden de distintos frentes. Las costumbres sociales dictan lo que está bien y lo que está mal, lo que se acepta y lo que se ve con malos ojos, lo que se aplaude y lo que se denuesta.

Los artistas que definen cada generación suelen ser aquellos que habitan fuera de estos límites. No los artistas que encarnan las creencias y las convenciones de su época, sino aquellos que las trascienden. El arte es una confrontación. Amplía la realidad del público y le permite asomarse a la vida a través de una ventana distinta. Una que podría albergar vistas gloriosas.

Al principio nos acercamos al arte partiendo del patrón de lo que ya se ha hecho. Si compones una canción, tal vez pienses que debería durar de tres a cinco minutos y contar con cierta cantidad de repeticiones.

Para un pájaro, una canción es algo muy distinto. El pájaro no se ajusta a un formato de tres a cinco minutos ni acepta que el estribillo tenga que ser pegajoso y, sin embargo, la canción del pájaro es igual de sonora que la otra. Y todavía más propia del ser del pájaro. Es una invitación, una advertencia, una manera de conectar, un medio de supervivencia.

Una costumbre sana sería abordar nuestra obra aceptando las mínimas reglas, las presuposiciones y los límites posibles. Con frecuencia los estereotipos del medio escogido están tan extendidos que ni nos planteamos romperlos. Pasan desapercibidos y no se cuestionan. Eso hace que sea casi imposible pensar fuera del paradigma.

Visita un museo de arte. Casi todas las pinturas expuestas serán lienzos extendidos sobre un bastidor rectangular de madera, desde *La muerte de Sócrates* de Jacques-Louis David hasta los *Retablos* de Hilma af Klint. El contenido tal vez varíe, pero los materiales son constantes. El estereotipo está ampliamente aceptado.

Si te propones pintar, es probable que empieces extendiendo un lienzo sobre un bastidor de madera y lo apoyes en un caballete. Ya solo a partir de las herramientas seleccionadas redujiste exponencialmente lo que es posible antes de que una sola gota de pintura haya entrado en contacto con el lienzo.

Damos por sentado que el equipo y el formato configuran parte de la propia disciplina artística. Sin embargo, una pintura puede ser cualquier cosa que involucre el uso del color sobre una superficie con una intención estética o comunicativa. Las demás decisiones dependen del artista.

La mayoría de las disciplinas artísticas arrastran convenciones parecidas. Un libro consta de cierto número de páginas y está dividido en capítulos. Un largometraje dura de 90 a 120 minutos y a menudo consta de tres actos. Cada medio conlleva una serie de normas que restringen nuestro trabajo antes de que empecemos siquiera.

Los géneros, muy especialmente, cuentan con una serie de reglas propias. Las películas de terror, el *ballet*, los discos de música country… cada cual suscita sus propias expectativas. Tan pronto como empleas una etiqueta para describir lo que estás haciendo, surge la tentación de adaptarte a sus normas.

Los patrones del pasado pueden ofrecer inspiración en las primeras fases, pero siempre nos resultará útil pensar más allá de lo que se hizo anteriormente. El mundo no espera más de lo mismo.

En muchas ocasiones las ideas más innovadoras surgen de aquellos que dominan las normas hasta el punto de poder dejarlas atrás o de aquellos que nunca las aprendieron.

Las reglas más tramposas no son las que vemos, sino aquellas que no percibimos. Se encuentran ocultas en zonas más profundas de la mente, con frecuencia desapercibidas, fuera del alcance de nuestra consciencia. Son las normas que penetran en nuestro pensamiento a través de la programación en la infancia, lecciones olvidadas, ósmosis de la cultura y emulación de artistas cuya inspiración nos anima a poner manos a la obra.

Esas reglas pueden favorecernos o perjudicarnos. Sé consciente de cualquier presuposición basada en el saber convencional.

Las reglas que obedecemos sin ser conscientes de ello son mucho más poderosas que aquellas que aceptamos a sabiendas. Y es mucho más probable que desvirtúen nuestro trabajo.

⊙

Toda innovación corre el riesgo de convertirse en una regla. Y la propia innovación se arriesga a convertirse en un fin en sí misma.

Cuando hacemos un descubrimiento que beneficia nuestro trabajo, no es raro fijarlo en una fórmula. A veces acabamos decidiendo que esa fórmula es nuestra identidad artística. Define qué constituye nuestra voz y qué no.

Si bien eso puede beneficiar a algunos creadores, para otros puede suponer una limitación. En ocasiones los efectos de la fórmula restan potencia a la producción. Otras veces no nos damos cuenta de que la fórmula tan solo es una pequeña parte de aquello que dota a la obra de fuerza.

Es buena idea desafiar de forma constante tu propio proceso. Si el uso de un estilo, método o condiciones de trabajo te da buen resultado, no des por hecho que se trata de la mejor manera. Ni tu manera. Ni la única. No la conviertas en una religión. Tal vez haya otras estrategias que te funcionen igual de bien y te abran la puerta a nuevas posibilidades, rumbos y oportunidades.

No siempre será así, pero vale la pena tomarlo en cuenta.

⊙

Considerar que todas las reglas se pueden romper es una forma sana de vivir como artista. Afloja las restricciones que favorecen una homogeneidad predecible en los métodos de trabajo.

Según avances en tu carrera, es posible que se desarrolle una consistencia que con el tiempo le vaya restando interés. Tal vez el trabajo se parezca cada vez más a un empleo o una responsabilidad. En ese sentido, te puede ayudar preguntarte si llevas mucho tiempo trabajando con la misma paleta de colores.

Empieza un nuevo proyecto desechando esa paleta. La inseguridad suscitada por el gesto puede ser una premisa emocionante y aterradora. Una vez que tengas un nuevo marco, es posible que algunos elementos del viejo proceso encuentren el camino de vuelta a tu obra, y no pasa nada.

Te ayudará recordar que cuando descartas un viejo manual, todavía puedes conservar las destrezas aprendidas. Esas habilidades adquiridas con esfuerzo trascienden las reglas. Nunca las pierdes. Imagina lo que puede pasar cuando añades a la experiencia acumulada un nuevo juego de materiales e instrucciones.

Según te vayas alejando de las normas con las que estás familiarizado, es posible que te cruces con más reglas ocultas que te guiaban desde el principio sin que lo supieras. Una vez identificadas, puedes descartar esas reglas o emplearlas con intención.

Vale la pena poner a prueba todas las normas, ya sean conscientes o inconscientes. Cuestiona tus presuposiciones y métodos. Tal vez encuentres una mejor manera. Y aunque no sea mejor, aprenderás de la experiencia. Todos esos experimentos son como tiros libres. No tienes nada que perder.

Evita dar por sentado
que tu manera de trabajar
es la mejor
sencillamente porque
siempre lo has hecho así.

Lo contrario es cierto

Cuando aceptes cualquier norma en relación con

lo que puedes y no puedes hacer como artista…

qué constituye tu voz y qué no…

qué necesitas para hacer el trabajo y qué no necesitas…

valdría la pena que probaras todo lo contrario.

Si eres escultor, por ejemplo, tal vez partas de la idea de que tu obra debe existir en el mundo material. Eso sería una regla.

Explorar lo contrario sería plantearte cómo puede existir una escultura sin ser un objeto físico. Quizá tu mejor obra podría ser algo concebido digital o conceptualmente, que no dejara una huella sólida. O puede que no sea tu mejor obra, pero tal vez el proceso te conduzca a algún lugar novedoso e intrigante.

Piensa en una norma como un desequilibrio. La oscuridad y la luz solo son significativas en función de una con la otra. Sin la primera, la segunda no existiría. Forman un sistema dinámico inseparable, como el yin y el yang.

Examina tus métodos y considera cómo sería el extremo opuesto. ¿Qué equilibraría la balanza? ¿Cuál sería la luz de tu oscuridad, la oscuridad de tu luz? No es raro que un artista se concentre en un extremo de la balanza. Aun si optamos por no crear en el otro lado, entender esta polaridad puede influir en tus decisiones.

Otra estrategia sería redoblarlo, llevar al extremo los matices en los que estás trabajando.

Experimentar con el equilibrio te permite descubrir en qué punto de la balanza te encuentras. Una vez que identifiques tu posición, podrás desplazarte hacia el otro extremo hasta encontrar el equilibrio o seguir avanzando por el lado en el que estás para desequilibrar aún más la balanza.

Siempre que te apegues a una regla, estudia la posibilidad de que el extremo opuesto sea igualmente interesante. Quizá no mejor, solo diferente. Del mismo modo puedes probar lo contrario de lo que sugieren estas páginas o llevarlo al extremo y te resultará igual de provechoso.

Escuchar

Cuando escuchamos, únicamente existe el ahora. En las prácticas budistas se toca una campana como parte del ritual. El sonido arrastra al practicante al momento presente de inmediato. Es un modo suave de recordarle que debe despertar.

Mientras que los ojos y la boca se pueden cerrar, el oído no tiene cubierta, nada que cerrar. Recoge lo que hay alrededor. Recibe pero no puede transmitir.

El oído sencillamente atiende al mundo.

Cuando oímos, el sonido entra de manera autónoma. A menudo no somos conscientes de los sonidos individuales y todo su espectro.

Escuchar es poner a atención a esos sonidos, estar presente con ellos, estar en comunión con ellos. Decir que escuchamos con los oídos o con la mente sería una falsedad. Escuchamos con todo el cuerpo, con todo el ser.

Las vibraciones que llenan el espacio a nuestro alrededor, las ondas de sonido que impactan en el cuerpo, las percepciones espaciales que suscitan, las reacciones físicas internas que desencadenan... todo ello forma parte de la escucha. Ciertos sonidos graves solamente se notan con el cuerpo, no se oyen con los oídos.

La diferencia se percibe cuando escuchamos música a través de audífonos en lugar de hacerlo por las bocinas.

Los audífonos crean una ilusión, engañan a los sentidos para hacernos creer que estamos oyendo todo lo que ofrece la música. Muchos artistas se niegan a usarlos en el estudio, puesto que son una mala réplica de la escucha en el mundo real. Cuando oímos la música a través de bocinas, experimentamos algo más parecido a la presencia de los instrumentos; estamos inmersos físicamente en todo el espectro sónico de vibración.

Muchos experimentamos la vida como si la percibiéramos a través de audífonos. Nos perdemos parte del registro. Oímos información, pero no detectamos las vibraciones sutiles de las sensaciones corporales.

Cuando haces el ejercicio de escuchar con todo tu ser, maximizas el alcance de la consciencia de modo que abarque grandes cantidades de información que de otra forma pasaría desapercibida y descubres más material con el que alimentar tu pasión por el arte.

Si estás escuchando música, plantéate cerrar los ojos. Tal vez descubras que te pierdes en la experiencia. Cuando la pieza termine, quizá te sorprenda dónde apareces. Fuiste transportado a otra parte. Al lugar donde vive la música.

⊙

La comunicación se mueve en dos direcciones, aun si una persona solo habla y la otra solo escucha.

Cuando el oyente está plenamente presente, el hablante a menudo se comunica de manera distinta. Por lo general, las personas no están acostumbradas a que las escuchen con atención, y la experiencia puede resultar perturbadora.

En ocasiones bloqueamos el flujo de información que se nos ofrece y entorpecemos la verdadera escucha. La mente crítica puede intervenir para tomar nota de las cosas con las que está de acuerdo y con las que no, lo que le gusta y lo que le disgusta. Podría buscar motivos para desconfiar del hablante o señalar sus errores.

Formular una opinión no es escuchar. Tampoco lo es preparar una respuesta, defender nuestra posición o atacar al otro. Escuchar con impaciencia equivale a no oír nada en absoluto.

Escuchar es dejar la incredulidad en suspenso.

Recibimos sin reservas. Ponemos atención sin ideas preconcebidas. El único objetivo es entender plenamente y con claridad lo que se nos transmite, permaneciendo del todo presentes en lo que se está expresando y dejando que sea lo que es.

No hacerlo así perjudica al hablante, pero también a ti. Mientras creas y defiendes un relato en tu pensamiento, te pierdes información que podría transformar o desarrollar tus pensamientos presentes.

Si logramos superar nuestra respuesta refleja, tal vez descubramos que debajo hay algo más que resuena en nosotros o nos ayuda a entender. La nueva información podría reforzar una idea, alterarla ligeramente o cambiarla por completo.

Escuchar sin prejuicios nos permite crecer y aprender como personas. Con frecuencia no hay respuestas correctas, tan solo perspectivas distintas. Cuantas más perspectivas aprendamos a percibir, mayor será nuestro saber. El filtro empieza a acercarse a la realidad en lugar de ser una estrecha grieta hecha de prejuicios.

Cualquiera que sea la forma de arte que has elegido, escuchar abre posibilidades. Te permite asomarte a un mundo más amplio. Aprendimos muchas de las creencias que hoy nos acompañan antes de que tuviéramos oportunidad de aceptar o rechazar lo que otros nos enseñaban. Algunas quizá se remonten a varias generaciones atrás y ya no nos sirvan. O tal vez nunca nos hayan servido.

Escuchar, pues, no solo implica ampliar la consciencia. También conlleva liberarse de limitaciones interiorizadas.

Paciencia

⊙

No hay atajos.

El ganador de la lotería no es feliz a la larga con su golpe de suerte. El hogar que se construye deprisa y corriendo rara vez sobrevive a la primera tormenta. El resumen de un libro o el titular de una noticia no sustituyen a la historia completa.

Con frecuencia tomamos atajos sin ser conscientes de ello. Cuando escuchamos, tendemos a adelantarnos y a generalizar el mensaje del hablante. No le damos importancia a los aspectos sutiles del sentido general, y mucho más a la idea completa. Además de dar por hecho que estamos ahorrando tiempo, el atajo también nos evita la incomodidad de revisar los relatos que damos por buenos. Y nuestra visión del mundo sigue menguando.

El artista hace el esfuerzo consciente de experimentar la vida despacio y de volver a experimentar lo mismo de nuevo. De leer con calma, releer y volver a releer.

En ocasiones leo un párrafo que me inspira un pensamiento y, mientras mis ojos continúan desplazándose por la página en el acto físico de la lectura, mi mente sigue absorta en la idea anterior. Ya no estoy asimilando la información. Cuando me doy cuenta, regreso al último párrafo que recuerdo y leo desde allí otra vez. A veces tengo que retroceder tres o cuatro páginas.

Releer, incluso un párrafo o una página que entendimos bien, puede ser revelador. Nuevos significados, conocimientos más profundos, inspiraciones y matices se revelan y captan nuestra atención.

Leer, al igual que escuchar, comer y la mayoría de las actividades físicas, se parece a manejar: podemos participar, ya sea en piloto automático, ya sea poniendo atención. Con frecuencia recorremos la vida en estado de sonambulismo. Imagina hasta qué punto tu experiencia del mundo sería distinta si participaras en todo lo que haces con la misma atención que pondrías si tuvieras que aterrizar un avión.

Hay personas que abordan las oportunidades que les ofrece el día como si tacharan elementos de una lista de tareas pendientes en lugar de involucrarse y participar con todo su ser.

El empeño constante por ser eficaces nos impide observar a profundidad. La presión por dejar las cosas hechas no nos otorga tiempo para tomar en cuenta todas las posibilidades. Sin embargo, únicamente a través de la acción deliberada y la repetición accedemos a un conocimiento más profundo.

⊙

Hace falta paciencia para un desarrollo matizado de la propia expresión artística.

Hace falta paciencia para absorber
información con la máxima fidelidad.

Hace falta paciencia para crear una obra
que resuene y contenga todo lo que tenemos para ofrecer.

Cada fase de la obra y la vida de un artista se beneficiará del cultivo de este sencillo hábito.

La paciencia se desarrolla de manera parecida a la consciencia. Aceptando lo que es. La impaciencia es una discusión con la realidad. El anhelo de algo distinto a lo que estamos experimentando aquí y ahora. El deseo de que el tiempo se acelere, de que el mañana llegue antes, de revivir el ayer o de cerrar los ojos y estar en un sitio diferente al volver a abrirlos.

No poseemos control sobre el tiempo. De modo que la paciencia comienza con la aceptación de los ritmos naturales. El beneficio implícito de la impaciencia sería ahorrar tiempo acelerando esos ritmos y adelantándonos a ellos. Paradójicamente, hacerlo así acaba consumiendo más tiempo y energía. Es un esfuerzo desperdiciado.

Cuando hablamos de un proceso creativo, la paciencia consiste en aceptar que gran parte del trabajo que hacemos escapa a nuestro control. La excelencia no es algo que se pueda forzar. Lo único que podemos hacer es invitarla y esperarla de manera activa. Sin ansiedad, ya que eso la ahuyentaría. Simplemente manteniendo los brazos abiertos.

Si eliminamos el tiempo de la ecuación que representa el desarrollo de una obra, lo que nos queda es la paciencia. Y no solo en el desarrollo de la obra, sino también del artista. Incluso las obras de arte que se llevaron a cabo en un marco de tiempo ajustado constituyen la suma de décadas de paciente trabajo en otras obras.

Si acaso existe una regla en la creatividad más sagrada que ninguna otra, es la necesidad constante de paciencia.

La mente del principiante

⊙

Aproximadamente hace tres mil años, en China, nació un juego de estrategia llamado go. Algunos creen que está basado en las piedras que los señores de la guerra y los generales colocaban sobre los mapas para decidir sus planes de batalla. Además de ser el juego de mesa todavía vigente más antiguo de la historia, también es uno de los más complejos.

En los tiempos modernos, ganar al go se consideraba el santo grial en la comunidad de la inteligencia artificial. Como el número de configuraciones posibles en el tablero es mayor que el de átomos en el universo, se pensaba que las computadoras no poseían la capacidad de procesamiento necesaria para ganar a un jugador humano habilidoso.

Motivados por el desafío, los científicos crearon un programa de inteligencia artificial llamado AlphaGo. El programa aprendió a jugar por sí solo tras más de 100 000 partidas anteriores. A continuación jugó contra sí mismo una y otra vez hasta que estuvo preparado para enfrentarse al campeón mundial de la época.

En el movimiento 37 de la segunda partida, la máquina se enfrentó a una decisión que marcaría el desarrollo del resto del juego. Había dos opciones evidentes. El movimiento A indicaría que la computadora había optado por una táctica ofensiva. El movimiento B, que jugaba a la defensiva.

En lugar de eso, la máquina optó por un tercer movimiento, uno que ningún experto en el juego había realizado en miles de años. «Ningún jugador humano habría optado por el movimiento 37», observó el comentarista. La mayoría pensó que se trataba de un error o de una mala elección.

El campeón que jugaba contra la computadora se quedó tan perplejo que se levantó y salió de la sala. Al final volvió, no con su aplomo habitual, sino visiblemente agitado y frustrado por la experiencia. AlphaGo terminó venciendo. Y ese movimiento nunca visto, dijeron los expertos, fue el que decidió el curso de la partida a favor de la inteligencia artificial.

La computadora acabó ganando cuatro de cinco partidas y el campeón mundial se retiró de manera permanente de la competencia.

⊙

Cuando escuché esta historia se me salieron las lágrimas y no entendí el motivo de esa súbita oleada de emoción. Después de meditarlo, comprendí que la anécdota revelaba el poder de la pureza en el acto creativo.

¿Qué le había permitido a la computadora idear un movimiento al que ningún experto había recurrido jamás en miles de años?

No fue necesariamente su inteligencia, sino el hecho de que el programa había aprendido a jugar de cero, sin un maestro ni intervención humana, sin lecciones basadas en la experiencia de un especialista. La IA siguió las reglas del juego, no las normas milenarias, culturalmente aceptadas, que le son inherentes. No tuvo en cuenta los tres mil años de tradiciones y convenciones. No aceptó los relatos de cómo jugar correctamente a ese juego. No arrastraba creencias limitantes.

Y el evento no fue relevante solo en el desarrollo de la IA. Era la primera vez que el go se jugaba con todo el espectro de posibilidades disponibles. Ante una página en blanco, AlphaGo fue capaz de innovar, idear algo totalmente nuevo y transformar el juego para siempre. Si los humanos le hubieran enseñado a jugar, es probable que no hubiera ganado el torneo.

Un experto en go comentó: «Después de años mejorando las tácticas, las computadoras nos dicen que los seres humanos estábamos completamente equivocados. Me atrevería a decir que ningún ser humano ha rozado jamás el secreto del go siquiera de pasada».

Para ver lo que ningún ser humano ha visto antes, para conocer aquello que ninguna persona ha conocido, para crear lo que nadie ha creado jamás, quizá sea necesario ver a través de unos ojos que nunca han visto, conocer mediante una mente que nunca ha pensado, crear con unas manos a las que nadie ha enseñado.

Eso es la mente del principiante: uno de los estados del ser más difíciles de alcanzar para un artista, precisamente porque requiere soltar lo que nos ha enseñado la experiencia.

La mente del principiante consiste en comenzar desde la pureza de no saber, característica de los niños. Vivir el presente con tan pocas creencias consolidadas como sea posible. Sintonizar con aquello que nos alienta en el momento y no con lo que pensamos que funcionará. Y tomar las decisiones en consecuencia. Cualquier idea preconcebida y convención aceptada limitarán lo que consideramos posible.

Tendemos a creer que cuanto más sepamos, más claramente veremos las posibilidades a nuestro alcance. No es así. Lo imposible solo se torna accesible cuando prescindimos de los límites que nos enseña la experiencia. ¿Ganó la máquina porque sabía más que el campeón mundial o porque sabía menos?

No saber entraña un gran poder. Cuando nos enfrentamos a una tarea que representa un desafío, tal vez nos digamos que es demasiado complicada, que no vale la pena intentarlo, que las cosas no se hacen así, que no va a funcionar, al menos no en nuestro caso.

Si abordamos la tarea desde la ignorancia, la barrera de conocimientos que bloquea el avance desaparece. Aunque parezca extraño, ignorar que existe un desafío puede ser justo lo que necesitamos para superarlo.

⊙

La inocencia aporta innovación. La falta de conocimiento puede abrir grietas por las que acceder a un nuevo territorio. Los Ramones pensaron que estaban haciendo pop para todos los públicos. En opinión de la mayoría, las letras en sí mismas —sobre lobotomías, aspirar coca o los *pinheads*— contradecían esa idea.

Si bien ellos se consideraban los nuevos Bay City Rollers, los Ramones inventaron el punk rock sin pretenderlo e iniciaron una revolución contracultural. Mientras que la música de los Bay City Rollers conoció un gran éxito en su momento, la singular versión del rock and roll de los Ramones llegó a ser más popular e influyente. De todas las descripciones posibles de la banda, la más adecuada podría ser: innovación a través de la ignorancia.

⊙

La experiencia aporta sabiduría, pero atenúa el poder de la ingenuidad. El pasado puede ser un maestro y ofrecer métodos demostrados, familiaridad con las convenciones de la disciplina, consciencia de los riesgos en potencia y, en algunos casos, virtuosismo. También nos empuja hacia un patrón por el que perdemos la oportunidad de involucrarnos en la tarea que tenemos entre manos desde la inocencia.

Cuanto más arraigado sea el enfoque adoptado, más difícil será ver a lo lejos. Si bien la experiencia no excluye la innovación, puede dificultar el acceso a ella.

A los animales, igual que a los niños, no les cuesta tomar decisiones. Actúan por puro instinto, no por conductas aprendidas. Esa energía primitiva alberga una sabiduría primordial que a la ciencia se le escapa.

Los superpoderes infantiles incluyen vivir en el presente, valorar el juego por encima de todo, no tomar en consideración las consecuencias, ser radicalmente honesto por principio y tener la capacidad de pasar de una emoción a otra sin aferrarse a un relato. Para los niños no hay más que el aquí y ahora. Sin futuro y sin pasado. «Lo quiero ahora». «Tengo hambre». «Estoy cansado». Todo es pura autenticidad.

Los grandes artistas de la historia son aquellos que poseen la capacidad de conservar ese entusiasmo y exuberancia infantiles de manera natural. Igual que un niño es egoísta, ellos adoptan una actitud protectora hacia su arte que no siempre es cooperativa. Sus necesidades como creadores son su prioridad. A menudo a costa de su vida y relaciones personales.

Para uno de los cantantes y compositores más apreciados de todos los tiempos, la inspiración, cuando aparece, tiene preferencia sobre cualquier otra obligación. Sus amigos y familia saben que si en mitad de una comida, una conversación o un acontecimiento se le ocurre una canción, abandonará el lugar y se concentrará en esta sin dar explicaciones.

Vale la pena aspirar a ese espíritu infantil en el arte y en la vida. No resulta difícil cuando no has acumulado demasiados hábitos y pensamientos arraigados. En caso contrario es complicado. Casi imposible.

Un niño no cuenta con ideas preconcebidas desde las que interpretar el mundo. Tal vez convenga hacer lo mismo. Cualquier etiqueta que des por sentada antes de empezar a crear, incluso algunas tan básicas como «escultor», «rapero», «escritor» o «emprendedor», podría ser más perjudicial que beneficiosa. Despójate de las etiquetas. ¿Cómo ves el mundo ahora?

Intenta experimentarlo todo como si fuera la primera vez. Si creciste en una ciudad del interior sin viajar nunca a la costa, la primera vez que viste el mar sería una experiencia sobrecogedora. Si pasaste toda la vida en una localidad costera, es improbable que tu impresión del océano fuera tan impactante.

Cuando miras lo que tienes alrededor como si fuera la primera vez, empiezas a comprender las maravillas que te rodean.

Como artistas, aspiramos a vivir de un modo que nos permita ver los aspectos maravillosos de cosas aparentemente prosaicas. Y luego nos desafiamos a compartir lo que vemos de manera que los demás puedan advertir también esa belleza extraordinaria.

El talento es la capacidad de permitir que las ideas se manifiesten a través de ti.

Inspiración

Sucede en un instante.

Una inmaculada concepción.

Un rayo de luz divino. Una idea que en otras circunstancias nos costaría trabajo desarrollar florece de súbito en una sola inhalación.

Lo que define la inspiración es la calidad y la cantidad de la descarga. Se produce a una velocidad tan vertiginosa que parece imposible de procesar. La inspiración es el combustible que da potencia a nuestro trabajo. Es una conversación universal de la que ansiamos formar parte.

La palabra inspirar viene del latín *inspirare* que significa «tomar aire» o «insuflar».

Para que los pulmones inspiren aire, antes tienen que vaciarse. Para que la mente se inspire, necesita espacio que dé cabida a lo nuevo. El universo busca equilibrio. A través de esa ausencia, abres la puerta a la energía.

El mismo principio se aplica a todo en la vida. Si buscamos una relación cuando estamos en pareja, el espacio está ocupado. No hay sitio para que entre algo nuevo. Y no somos capaces de recibir con los brazos abiertos la relación que deseamos.

Con el fin de crear espacio para la inspiración, podríamos adoptar prácticas que nos permitan calmar la mente: meditación, consciencia, silencio, contemplación, oración o cualquier ritual que nos ayude a ahuyentar la distracción y la cavilación.

La respiración en sí misma constituye una herramienta potente para silenciar los pensamientos, crear espacio y sintonizar. No nos garantiza que la inspiración llegue, pero es cierto que el vacío puede atraer a la musa.

Desde una perspectiva más espiritual, *inspirar* significa «insuflar vida». Una antigua interpretación la define como la influencia inmediata de lo divino. Para un artista, la inspiración es un aliento de energía creativa que invade nuestro pequeño ser en un instante, procedente del exterior. No podemos saber con seguridad dónde se origina esta pequeña chispa de intuición. Pero ayuda ser conscientes de que no todo depende de nosotros.

Cuando llega la inspiración, siempre trae energía consigo. Sin embargo, no es algo en lo que debamos apoyarnos. Una vida artística no se puede construir únicamente en torno a una espera. La inspiración escapa a nuestro control y puede ser difícil de encontrar. Hace falta esfuerzo y se deben extender invitaciones. En su ausencia, podemos trabajar en otros aspectos del proyecto que no dependan de esa transmisión cósmica.

Las epifanías se esconden en los instantes más discretos: en la forma de una sombra, en el olor de un cerillo al encenderse, en una frase inusual, oída por azar o a medias. Ser fiel a la práctica de asomar la cabeza con regularidad es el requisito principal.

Para diversificar la inspiración, plantéate desigualar la información. Quita el sonido mientras ves una película, escucha la misma canción una y otra vez, lee únicamente la primera palabra de cada frase de un relato breve, clasifica piedras por tamaño o color, aprende a tener sueños lúcidos.

Rompe los hábitos.

Busca diferencias.

Identifica relaciones.

Una de las señales que apuntan a la inspiración es el asombro. Tendemos a dar muchas cosas por sentadas. ¿Cómo podemos pasar de la desconexión y la desensibilización a la apreciación de las increíbles maravillas que nos brindan la naturaleza y la ingeniería humana?

Casi todo lo que vemos en el mundo alberga el potencial de inspirar fascinación cuando lo miramos desde una perspectiva menos trillada. Aprende a buscar el asombro detrás de lo obvio. Mira el mundo desde ese punto de vista privilegiado siempre que sea posible. Sumérgete.

La belleza que nos envuelve enriquece nuestras vidas en infinidad de sentidos. Es un fin en sí misma. Y nos ofrece un ejemplo para nuestro trabajo. Podemos aspirar a buscar armonía y equilibrio, como si nuestras creaciones siempre hubieran estado ahí, igual que las montañas y las plumas.

⊙

Cabalga la ola tanto tiempo como se deje cabalgar. Si tienes la suerte de experimentar un golpe de inspiración, aprovecha al máximo el acceso que te brinda. Permanece en la energía de este momento privilegiado durante todo el tiempo que dure. Si fluye, continúa.

Si eres escritor y conectas con una corriente de ideas antes de irte a dormir, tal vez prefieras permanecer despierto hasta el amanecer. Si eres músico y ya compusiste una canción, o diez, pero la música sigue llegando, atrapa todo lo que puedas.

Tal vez no uses el material cosechado en el proyecto en curso, pero podrías usarlo en otro momento. O quizá no. La tarea de un artista consiste en reconocer la transmisión y mantenerse conectado con gratitud hasta que realmente siga su curso.

En cuanto a la prioridad, la inspiración es lo primero. Tú vas en segundo lugar. Y, por último, el público.

Esos momentos son especiales y se deben tratar con absoluta devoción. Hay que olvidarse de horarios cuando aparecen esos efímeros instantes de iluminación. Haz un esfuerzo y ponte al servicio de esta ofrenda, aunque aparezca en un momento inoportuno. Es tu obligación como artista.

John Lennon dijo en cierta ocasión que si empiezas una canción debes componerla hasta el final de una sentada. La inspiración inicial posee una vitalidad que te puede arrastrar a lo largo de toda la pieza. No te preocupes si algunas partes no son tan potentes como podrían ser. Termina el borrador, por rudimentario que sea. Una versión completa pero imperfecta suele resultar más útil que un fragmento en apariencia impecable.

Cuando una idea cobra forma o componemos algo pegajoso, puede que tengamos la sensación de que desciframos el código y de que lo demás surgirá por sí solo. Si nos apartamos y dejamos que se disipe esa chispa inicial, tal vez al volver a ella descubramos que no es tan fácil de reavivar. Imagina la inspiración como una energía que no es inmune a las leyes de la entropía.

Hábitos

Lo primero que les pedía a los jugadores el día que empezaban el entrenamiento era que dedicaran un momento a ponerse correctamente los tenis y las calcetas.

La parte más importante del uniforme son los tenis y las calcetas. Juegan en una superficie dura. Así que deben usar un calzado que se adapte bien a sus pies. Y deben cuidar que las calcetas no se arruguen en la zona del dedo meñique (donde suelen salir ampollas) o alrededor del talón.

Les mostraba a mis jugadores cómo debían hacerlo. Sube la calceta, aplánala alrededor del dedo meñique y en la zona del talón, para que no se arrugue.

Alísala bien. Luego sujeta la calceta mientras te pones el tenis. Y las agujetas deben estar bien distribuidas, no apretadas únicamente en las puntas superiores.

Debes ajustarlas en todos los orificios. Y después las atas con un nudo doble, para que no se desamarren; no quiero que los tenis se desamarren durante el entrenamiento o en el partido. No quiero que eso suceda.

Esto solo es un pequeño detalle que deben aprovechar los entrenadores, porque son los pequeños detalles los que suscitan grandes cosas.

Las opiniones antes expresadas son de John Wooden, el entrenador con más éxitos de la historia del basquetbol universitario. Sus equipos ganaron más partidos y campeonatos consecutivos que ningún otro de la historia.

Debió de resultar frustrante para esos deportistas de élite, que estaban deseando salir a la cancha y demostrar lo que podían hacer, llegar por primera vez al entrenamiento con ese entrenador legendario para oírlo decir: «Hoy vamos a aprender a atarnos las agujetas».

Lo que Wooden intentaba demostrar era que crear hábitos efectivos, hasta el más mínimo detalle, es lo que marca la diferencia entre ganar y perder un partido. Cada uno de los hábitos por separado puede parecer intrascendente, pero, cuando se suman todos, el efecto en el rendimiento es exponencial. Un único hábito, en la cima de cualquier ámbito, puede ser suficiente para ofrecer ventaja sobre el adversario.

Wooden tenía en cuenta todos los aspectos del juego que podían plantear problemas y entrenaba a sus jugadores para cada uno de ellos. Repetidamente. Hasta que se convertían en hábitos.

El objetivo era una ejecución impecable. Wooden solía decir que la persona contra la que compites siempre eres tú. El resto escapa a tu control.

Esta mentalidad se aplica asimismo a la vida creativa. Tanto para el artista como para el deportista, los detalles son importantes, más allá de que se reconozca o no su relevancia.

Los buenos hábitos generan buen arte. La manera de hacer una cosa es la manera de hacerlo todo. Aborda cada una de tus elecciones, cada una de tus acciones y cada palabra que pronuncies con esmero. El objetivo es vivir al servicio del arte.

⊙

Plantéate establecer un marco de trabajo sólido en torno a tu proceso creativo. Sucede a menudo que cuanto más instalados estamos en nuestra rutina, más libertad disfrutamos en el interior de esa estructura para expresarnos.

Disciplina y libertad parecen conceptos antónimos, pero en realidad van de la mano. La disciplina no es falta de libertad, sino una relación armoniosa con el tiempo. Organizar bien los horarios y los hábitos diarios es un componente necesario para liberar la capacidad funcional y creativa con el fin de producir obras excepcionales.

Se podría decir incluso que la eficiencia enfocada es más importante en la vida que en el trabajo. Abordar los aspectos prácticos de la vida cotidiana con precisión militar permite abrir las ventanas artísticas con libertad infantil.

Los hábitos que apoyan la creatividad pueden empezar tan pronto como te levantas. Eso puede incluir mirar la luz del sol antes de ponerte delante de una pantalla, meditar (al aire libre si es posible), hacer ejercicio y bañarte con agua fría antes de que dé comienzo tu tiempo creativo en un espacio apropiado.

Estos hábitos serán distintos para cada persona y quizá diferentes para el mismo artista en función del día. Tal vez te sientes en el bosque, pongas atención a tus pensamientos y tomes notas. O conduzcas durante una hora, sin un destino específico, escuchando música clásica y esperando a ver si surge la chispa.

Quizá te resulte útil fijar unas horas concretas o periodos de juego sin objetivo que te disparen la imaginación. Esa ventana de tiempo podría ser de tres horas para una persona y de treinta minutos para otra. Algunos prefieren trabajar del atardecer al amanecer mientras que otros crean en sesiones de veinte minutos con un descanso de cinco entre una y otra.

Encuentra los rituales que mejor contribuyan a tu trabajo y que puedas mantener. Si te marcas una rutina opresiva, buscarás excusas para no cumplirla. Trabajarás mejor si estableces un horario que puedas cumplir con facilidad para empezar.

Si te comprometes a trabajar media hora al día, tal vez suceda algo que genere impulso. Es posible que mires el reloj y caigas en la cuenta de que llevas dos horas trabajando. Siempre tienes la opción de extender el periodo dedicado a la creatividad una vez que hayas creado el hábito.

Siéntete libre para experimentar. El objetivo es comprometerte con una estructura que funcione por sí sola en lugar de crear solamente cuando estás inspirado. O comenzar cada día con la pregunta de cómo y cuándo vas a trabajar en tu proyecto.

Dedica la toma de decisiones a tu proceso creativo y no a cuándo trabajar. Cuanto más reduzcas las tareas cotidianas de logística, mayor será el espacio del que dispondrás para decisiones creativas. Albert Einstein vestía lo mismo cada día: un traje gris. Erik Satie poseía siete atuendos idénticos, uno para cada día de la semana. Reduce los problemas de tipo práctico con el fin de liberar tu imaginación creativa.

⊙

Todos anhelamos adoptar hábitos nuevos y más productivos como hacer ejercicio, alimentarnos con productos naturales de temporada o trabajar en nuestra actividad artística con mayor regularidad.

Ahora bien, ¿con qué frecuencia nos planteamos revisar y eliminar los hábitos que dominan nuestra vida? ¿Con qué frecuencia nos detenemos a pensar qué conductas aceptadas porque «las personas son así» o «yo soy así» no son sino simples hábitos?

Cada uno de nosotros tiene hábitos automáticos. Hábitos en la manera de movernos. Hábitos en el modo de hablar, pensar y percibir. Hábitos en la manera de ser. Algunos los hemos practicado a diario desde la infancia. Se graba una ruta en el cerebro que resulta difícil de modificar. La mayoría de esos hábitos nos controlan al margen de nuestras decisiones hasta tal punto que funcionan de manera autónoma y automática, como la regulación de la temperatura corporal.

Hace poco aprendí una manera distinta de nadar. Se me hizo incómoda y poco natural, porque aprendí a nadar siendo muy niño. Tenía el método anterior tan asimilado que no era necesario pensar. Sabía lo que debía hacer de manera automática. Me había funcionado bastante bien como para recorrer la alberca de lado a lado, aunque hubiera otras maneras que me habrían permitido nadar tramos más largos y con rapidez sin realizar tanto esfuerzo.

En nuestras actividades artísticas también recurrimos a los hábitos para llegar de un lado a otro. Algunos no benefician el proyecto o socavan los progresos. Cuando nos abrimos y ponemos atención, es posible reconocer esos hábitos poco beneficiosos y restarles poder. Y empezar a explorar nuevas prácticas. Métodos que entran y salen de nuestras vidas creativas como si fueran colaboradores temporales; se quedan durante el tiempo en que benefician al trabajo y se marchan cuando ya no aportan.

Pensamientos y hábitos que no favorecen el trabajo artístico:

- Pensar que no tienes suficiente talento.
- Sentir que no posees la energía que requieres.
- Confundir normas asumidas con verdades absolutas.
- No querer hacer el trabajo (flojera).
- No aspirar al mejor resultado posible (conformarse).
- Marcarte objetivos tan ambiciosos que no puedas empezar.
- Pensar que solamente puedes dar lo mejor de ti en ciertas condiciones.
- Considerar que necesitas herramientas o equipo específico para hacer el trabajo.
- Abandonar un proyecto en cuanto se pone difícil.
- Sentir que necesitas aprobación para comenzar o seguir avanzando.
- Dejar que una supuesta necesidad de presupuesto, equipo o apoyo se interponga en tu camino.
- Tener demasiadas ideas y no saber por dónde empezar.
- No terminar nunca los proyectos.
- Culpar a las circunstancias o a otras personas de interponerse en tu proceso.
- Idealizar conductas negativas o adicciones.
- Creer que cierto estado de ánimo es necesario para dar lo mejor de ti.

- Priorizar otras actividades y responsabilidades por encima de tu compromiso con el arte.
- La tendencia a distraerte o a procrastinar.
- La impaciencia.
- Pensar que cualquier cosa que escapa a tu control se interpone en tu camino.

Crea un entorno
en el que te sientas libre de expresar
aquello que temes expresar.

Semillas

En la primera fase del proceso creativo, debemos estar totalmente abiertos y recoger todo aquello que nos despierte el interés.

La llamamos «fase germinal». Buscamos potenciales puntos de partida que, con amor y cuidados, puedan crecer hasta convertirse en algo hermoso. En esta etapa no comparamos las semillas para encontrar la mejor. Nos limitamos a acumularlas.

La semilla de una canción podría ser una frase, una melodía, una línea de bajo o la idea para un ritmo.

En el caso de una obra escrita podría ser una frase, el esbozo de un personaje, un escenario, una hipótesis o un aspecto del argumento.

Para una estructura, una forma, un cierto material, una función o las propiedades naturales de una ubicación.

En el caso de un negocio podría ser un inconveniente habitual, una necesidad social, un avance técnico o un interés personal.

Recoger semillas no suele requerir un esfuerzo inmenso. Es más bien como recibir una transmisión. Percibir algo.

Se parece a pescar. Entras en el agua, pones el cebo en el anzuelo, lanzas la caña y esperas pacientemente. No puedes controlar a los peces, solo la presencia de la caña.

El artista lanza la caña al universo. No podemos escoger cuándo reparamos en algo o nos llega la inspiración. Únicamente podemos estar ahí para recibirla. Igual que sucede con la meditación, comprometerse con el proceso es la clave para cosechar resultados.

Sería ideal abordar la recolección de semillas con una consciencia activa y una curiosidad sin límites. No se puede forzar, aunque quizá un deseo intenso ayude.

⊙

Conforme vayan apareciendo las semillas, sacar conclusiones sobre su valor o destino puede interferir en su verdadero potencial. En esta fase, el trabajo del artista es recoger semillas, plantarlas, regarlas con atención y ver si echan raíces.

Tener una visión específica de cómo evolucionará una semilla tal vez nos sirva de pauta en las últimas fases. En esta etapa inicial, podría truncar posibilidades más interesantes.

Una idea que en apariencia encierra poca vitalidad puede acabar convirtiéndose en una obra preciosa. Otras veces es posible que las semillas más emocionantes no lleven a ninguna parte. Es demasiado pronto para saberlo. Hasta que el proceso esté más avanzado y la idea se haya desarrollado, es imposible evaluar con exactitud esas ideas germinales. Con el tiempo, la simiente ideal se revelará por sí sola.

Apoyarse demasiado en determinada semilla o desdeñar otra antes de tiempo puede interferir en su crecimiento natural. La tentación de volcar mucho de ti en esta primera fase puede socavar todo el proceso. Cuidado con tomar atajos o tachar cosas de la lista demasiado pronto.

Si no riegas las semillas, estas no podrán revelar su capacidad de dar fruto. Recoge todas las que puedas y, pasado un tiempo, vuelve a examinarlas para observar cuál resuena en ti. En ocasiones las tenemos demasiado cerca como para reparar en su verdadero potencial, y otras veces el momento mágico en que una semilla germina puede ser más trascendente que la propia semilla.

Por lo general es preferible acumular ideas a lo largo de varias semanas o meses y luego decidir en cuáles nos concentramos, en lugar de ceder al impulso o a la obligación de apurarnos hacia la meta con lo que tenemos.

Cuantas más semillas acumules, más fácil te será evaluarlas. Si recoges un centenar, tal vez descubras que la número 54 te dice cosas que no encuentras en las demás. Si la número 54 es tu única opción, sin otras semillas para comparar, te resultará más difícil saberlo.

Cuando aventuramos suposiciones sobre qué semillas no van a funcionar o cuáles podrían no encajar en la que consideramos nuestra identidad artística, podríamos estar frenando nuestro crecimiento como creadores. A veces una semilla está ahí para empujarnos a tomar un rumbo totalmente nuevo. A lo largo del camino podría transformarse en algo que apenas guarde parecido con su aspecto original y convertirse en nuestro mejor trabajo hasta el momento.

En esta etapa del proceso puede ser útil pensar en la obra como algo más grande que tú; cultivar un sentido de asombro y fascinación hacia lo que es posible y reconocer que no es tu mano la única que interviene en la creación.

La obra se va revelando a medida que avanzas.

Experimentación

⊙

Ya recogimos un puñado de semillas: puntos de partida y potencialidades. Ahora entramos en la segunda fase, la etapa de experimentación.

Animados por esa primera inyección de júbilo al encontrar un punto de partida, probamos distintas combinaciones y posibilidades con el fin de descubrir si alguna de las semillas nos revela cómo se podría desarrollar. Imagina esta etapa como si estuvieras buscando vida. Intentamos averiguar si alguna de las semillas arraiga y un tallo comienza a brotar.

No hay un modo correcto de experimentar. En términos generales, la idea es empezar a interactuar con las semillas, a desplegar el punto de partida en distintas direcciones. Tenemos que cultivarlas igual que un jardinero, creando las condiciones óptimas para favorecer el crecimiento.

Esta es una de las partes divertidas de un proyecto, porque aún no hay nada en juego. La idea es jugar con los elementos y ver qué se gesta. No hay reglas. El cultivo será distinto para cada artista y cada semilla.

Si la semilla es el personaje de una novela, quizá podemos ampliar el mundo que habita y comenzar a escribir desde su punto de vista.

Si la semilla es el argumento de una película, tal vez podríamos explorar distintos escenarios. Podrían ser diferentes países, comunidades, periodos temporales o mundos. Las obras de Shakespeare, por ejemplo, se han adaptado a todo tipo de realidades, desde las bandas de Nueva York hasta los samuráis, Santa Mónica o el espacio sideral.

Hay rumbos infinitos que explorar, y no sabremos cuál nos lleva a un callejón sin salida y cuál a nuevos reinos mientras no empecemos a recorrerlos. En el caso de una canción, un vocalista podría reaccionar con rapidez a la parte instrumental de un nuevo tema y encontrar la melodía al instante. Otras veces, por más que el cantante considere sugerente la música, la escuchará mil veces y no será capaz de crear nada.

En esta fase no buscamos qué versión progresa más rápidamente o llega más lejos, sino cuál es más prometedora. Nos concentramos en que florezca y esperamos para empezar a podar. Generamos posibilidades en lugar de eliminarlas. Editar de manera prematura podría cerrar rutas que quizá conduzcan a hermosas vistas no advertidas con anterioridad.

⊙

En la fase de experimentación, las conclusiones nos salen al paso. Las semillas nos sorprenden o nos desafían más a menudo de lo que cumplen nuestras expectativas.

Los alquimistas de la Antigua China que buscaban la inmortalidad mezclaron nitrato de potasio, azufre y carbón. Descubrieron otra cosa: la pólvora. Infinidad de inventos —la penicilina, el plástico, el marcapasos, las notas autoadhesivas— se descubrieron por accidente. Imagina cuántos inventos que podrían haber cambiado el mundo se habrán perdido porque alguien estaba tan enfocado en su objetivo que pasó por alto la revelación que tenía ante los ojos.

El núcleo de la experimentación es el misterio. No podemos predecir adónde nos llevará una semilla o si echará raíces. Procura abrirte a lo nuevo y desconocido. Empieza con un signo de interrogación y embárcate en un viaje de descubrimiento.

Aprovecha toda la energía que alberga la propia semilla y haz lo posible por no alterarla. Tal vez sientas tentaciones de intervenir y encauzar su contenido hacia cierto objetivo o idea preconcebida. Esa actitud podría no conducir a la posibilidad más productiva en esta fase del proceso.

Deja que las semillas sigan su propio camino hacia el sol. El momento de la discriminación llegará más tarde. Por ahora, abre espacio para que entre la magia.

⊙

No todas las semillas están destinadas a crecer. Pero es posible que haya un momento adecuado para cada una. Si una semilla no parece reaccionar o desarrollarse, plantéate guardarla para otra ocasión en lugar de descartarla.

En la naturaleza, algunas semillas aguardan en estado latente a la espera de una estación más propicia para su crecimiento. Sucede lo mismo en el arte.

Hay ideas que todavía no han encontrado su momento propicio. O quizá lo hayan encontrado, pero no te interesa comprometerte con ellas. En ocasiones, desarrollar una semilla distinta podría arrojar luz sobre otra latente.

Algunas semillas están listas para germinar al instante. Podrías comenzar a experimentar y sorprenderte terminando la obra con un resultado satisfactorio. También es posible que alcances la mitad del proyecto sin tener claro aún adónde te lleva.

Con frecuencia seguimos trabajando en la semilla aun después de haber perdido el entusiasmo, imaginando que el trabajo tomará un mejor rumbo mejor porque invertimos en él mucho tiempo. Si la energía sigue decayendo, no significa necesariamente que la semilla sea mala. Es posible que no hayamos encontrado el experimento adecuado para ella. Quizá tendríamos que retirarnos un tiempo y cambiar de perspectiva. Es posible que decidamos volver a empezar, o dejarla de lado y revisar las demás.

El resultado no depende de nosotros. Pon atención a cada semilla, más allá del potencial potencial que creas que podría albergar, y busca las reacciones hermosas.

Si tuvieras solo una —si posees una visión muy clara que quieres desarrollar—, estupendo. No hay caminos incorrectos. De todos modos, podrías contemplar la posibilidad de que acabe limitándote, porque no estarás sacando partido de todo lo que puedes dar. Abrirte a las posibilidades podría llevarte a un destino que te gustaría alcanzar, aunque aún no lo sepas.

Si tienes claro lo que quieres hacer y lo llevas a cabo, estás haciendo el trabajo de un artesano. Si empiezas con una pregunta y la empleas como guía en una aventura de exploración, estás trabajando como artista. Las sorpresas a lo largo del camino hacen más grande tu obra e incluso el arte en sí mismo.

⊙

Cuando una planta está floreciendo, vemos brotar la vida de cada tallo, hoja y flor. ¿Cómo sabemos en qué momento está floreciendo una idea?

A menudo los indicadores más exactos son emocionales, no intelectuales. La emoción resulta ser el mejor barómetro a la hora de seleccionar en qué semillas concentrarse. Cuando algo interesante empieza a cobrar forma, provoca placer. Se trata de un sentimiento motivador que nos empuja a querer más. Un sentimiento que nos impulsa hacia delante, a seguir el dictado de esa energía.

Durante la fase de experimentación ponemos atención a esta reacción natural de emoción sensorial. Ya llegará el momento del análisis mental, pero todavía no. En esta etapa seguimos el dictado del corazón. En algún punto es posible que miremos atrás y entendamos qué produjo el sentimiento. Otras veces no sucederá, y no pasa nada. Por ahora, eso no debe preocuparnos.

⊙

Si consideras que dos ideas tienen el mismo valor y una posee un potencial claro de convertirse en algo hermoso mientras que la otra es menos prometedora pero te parece más interesante, siéntete libre de seguir tus predilecciones. Basa las decisiones en lo que te conmueve internamente y atiende aquello que mantiene tu interés. Esa actitud siempre beneficiará tu trabajo.

El fracaso
es la información que necesitas
para llegar a tu destino.

Pruébalo todo

La mezcla del azul y el amarillo crea el verde. Sumar dos más dos da cuatro.

Cuando unes elementos básicos en el curso normal de la vida, casi todo es predecible.

En el proceso creativo, la suma total de las partes desafía las expectativas. Teoría y práctica no siempre están alineadas. La fórmula que funcionó ayer tal vez no funcione mañana. Las soluciones contrastadas en ocasiones son las menos útiles.

Hay una brecha entre imaginación y realidad. Una idea puede parecer brillante en la mente y, una vez empleada, no funcionar en absoluto. Otra puede parecer horrible en un principio y luego, al ejecutarla, ser exactamente lo que necesitas.

Desdeñar una idea porque no funciona en tu mente es perjudicar al arte. El único modo de saber si una idea funciona es probarla. Y si buscas la mejor idea, debes probarlas todas.

Formúlate tantas preguntas que empiecen por «y si» como puedas. ¿Y si esta fuera la primera pintura que alguien viera en su vida? ¿Y si suprimiera todos los adverbios? ¿Y si suavizara las partes más estrepitosas? Busca distintas polaridades para ver cómo afectan a la pieza.

Podrías adoptar la regla temporal de que no hay ideas malas. Pruébalas todas, incluso aquellas que parecen poco satisfactorias o que pienses que no van a funcionar. Este método resulta particularmente útil para los proyectos en equipo. A menudo, cuando trabajamos con otras personas, la gente aporta distintas ideas que acaban compitiendo. Según mi experiencia, somos proclives a pensar que entendemos lo que imagina otra persona y cuál será el resultado.

Sin embargo, es imposible saber con exactitud lo que está pensando el otro. Y si no podemos predecir cómo van a funcionar nuestras ideas (¡y no podemos!), ¿cómo vamos a sacar conclusiones de algo que imagina otra persona?

En lugar de comentar distintas soluciones para decidir cuál es mejor, extrae las ideas del ámbito verbal. Para sopesar a fondo las opciones es necesario trasladarlas al plano físico; dejar que se manifiesten, que se desarrollen, incorporarlas a un modelo. Las descripciones no hacen justicia a las ideas.

Lo ideal sería tomar las decisiones en un entorno libre de la energía engañosa de la persuasión. La persuasión conduce a la mediocridad. Para evaluar una idea es necesario verla, escucharla, probarla o tocarla.

Es preferible que quien aporta la idea haga una demostración o supervise la ejecución hasta que el modelo refleje lo que está sugiriendo. Eso ayudará a evitar malentendidos.

Después de contemplar la idea en toda su expresión, tal vez descubras que era mucho mejor de lo que imaginabas. Es posible que encaje a la perfección y sea exactamente lo que buscabas. El proceso siempre te aportará algo, independientemente del resultado. Date permiso para equivocarte y experimenta la alegría de dejarte sorprender.

Cuando estás armando un rompecabezas no hay errores. Cada desacierto te acerca a la solución. Evita apegarte a la problemática concreta. Amplía tu campo de visión. Si la idea empuja el proyecto a otra parte con una gran carga energética, sigue el nuevo rumbo. Empeñarse en controlar una obra de arte sería tan absurdo como pedirle a un roble que creciera siguiendo tus indicaciones.

Permite que la obra se desarrolle en la dirección que ella te marque, que evolucione de acuerdo con su estado natural y que tenga su propia vida. Disfruta del viaje de transitar por todas las permutaciones de la obra para que revele su verdadera forma.

Equivocarnos de camino
nos permite admirar paisajes
que no habríamos contemplado
de haber tomado el camino correcto.

Construcción

Una vez que desciframos la clave de una semilla y esta reveló su verdadera forma, el proceso cambia. Ya no estamos en el terreno infinito del descubrimiento. Tenemos claro el rumbo que debemos seguir.

Con frecuencia sin que tengamos conocimiento, vamos a parar a la fase de la construcción. Inicia el proceso de elaboración.

A partir de ahora trabajamos para agregar material a los cimientos que se han revelado a través de la experimentación. Las líneas están dibujadas. Llegó la hora de rellenar los colores.

Si las fases anteriores eran más libres y abiertas, las inspiraciones e ideas que aparecen ahora guardan una relación más directa con el tema que nos ocupa. Buscamos una forma que encaje en un hueco específico, mientras que antes solo buscábamos formas.

En cierto sentido, la fase de construcción es una de las menos elegantes del trabajo artístico. Requiere creatividad, pero la magia de la exploración suele estar menos presente, mientras que el trabajo de albañilería es más necesario.

Este es el tramo del viaje más difícil de aguantar para algunos. Por el momento, es necesario desviar la vista del campo abierto y enfrentarnos a una escalera de caracol de gran altura. Tenemos por delante un ascenso largo y precario.

Tal vez tengamos la tentación de dar media vuelta y perseguir la emoción de notar nuevamente cómo se nos presentan nuevas ideas. Pero las dos primeras fases tienen poco sentido o significado en sí mismas. El arte solo puede existir —y el artista solo puede evolucionar— si terminamos el trabajo.

¿Cómo decidimos con qué experimento nos ponemos manos a la obra?

La idea es seguir el dictado de la emoción. Cada cual debe encontrar su propio camino. Si te cautivan varias direcciones distintas, plantéate hacer más de una prueba a la vez. Trabajar en varias posibilidades simultáneamente a menudo genera un desapego saludable.

Cuando nos concentramos en una sola opción, es fácil que nuestro panorama se reduzca. Si bien puede parecer que un proyecto va por buen camino, estaremos demasiado involucrados como para saberlo a ciencia cierta.

Separarse y volver con una mirada renovada aporta una intuición más clara en los pasos siguientes. Alternar con otros proyectos pondrá en juego fuerzas y pautas de pensamiento distintas. Eso podría iluminar caminos que de otro modo no habríamos advertido. Y puede suceder en el curso de días, semanas, meses o años.

Incluso en una sola sesión, ir pasando de un proyecto a otro es buena idea.

También hay ocasiones en que una sola semilla posee tanta energía que decides dedicarte a ella en exclusiva. La elección es solo tuya.

En la fase de experimentación plantábamos la semilla, la regábamos y le dábamos tiempo a la planta para crecer al sol. Dejábamos que la naturaleza siguiera su curso. Ahora, en esta tercera fase, nos involucramos a fondo para averiguar qué podemos ofrecerle al proyecto.

Los límites entre la fase de experimentación y la de construcción no responden a una progresión lineal. A menudo vamos y regresamos de una a otra, porque en ocasiones nuestra aportación no es tan valiosa como lo que nos brinda la naturaleza. En esos casos es preferible detenerse y regresar adonde la naturaleza lo dejó.

Mientras que la fase de experimentación consistía en investigar qué puede ofrecer la semilla, en esta aplicamos nuestro filtro. Revisamos la totalidad de nuestra experiencia en el mundo y buscamos conexiones: a qué nos recuerda, con qué la podemos comparar, con qué aspectos relevantes de nuestra vida podemos relacionarla.

En esta etapa tenemos entre manos un proyecto que evolucionó de manera natural. Identificamos su potencial. Y observamos qué le podemos añadir, retirar o combinar para seguir desarrollándolo.

La fase de construcción no consiste en limitarse a construir, sino también en destruir. El objetivo de desarrollar la obra a veces se alcanzará mediante un proceso de poda, retirando pequeñas partes. Decidimos qué detalles y rumbos son prescindibles para aplicar más energía y concentración a los elementos principales.

⊙

Si bien esta etapa puede resultar complicada, no tiene por qué ser así. Algunos artistas se concentran más en darle forma a una idea que en ejecutarla. Y en el caso de algunos proyectos, será necesario externar la fase de construcción.

Muchas de las pinturas de Andy Warhol fueron llevadas a cabo por otros artistas y por máquinas, mientras que él aportaba las ideas y retenía la autoría. Algunas bandas famosas de los años sesenta en California no tocaban en sus propios álbumes. Y ciertos autores prolíficos se limitan a inventar los personajes y la trama, y dejan que otros escritores rellenen la prosa.

Si optas por ejecutar tú mismo estos laboriosos aspectos del proceso, no es adecuado pensar en términos de correcto o incorrecto. Depende del proyecto. Procura hacer lo necesario para que la obra de arte sea la mejor posible, tanto si eso implica participar más en los detalles del proceso como alejarte de ellos.

En algunos casos el artista considera necesario involucrarse en la totalidad del trabajo. El acto físico de la construcción le ayuda a conocer mejor la obra y le proporciona un control más directo sobre los detalles. Otros proyectos funcionan mejor si el artista, en esta fase, se comporta como un director o diseñador que guíe el trabajo de otros.

Construir puede ser desmoralizante. Te ayudará imaginarlo como otra oportunidad para jugar. Algunos creadores consideran la construcción la parte más gratificante del proceso. Seguir una serie de pasos para crear algo físico y bello proporciona una sensación de alegría y deber cumplido. El amor y el cuidado aplicados en esta fase se apreciarán en el resultado final.

Impulso

Si la abordamos como las fases anteriores, sin límites ni restricciones temporales, la etapa de construcción se puede alargar más de lo necesario.

Una vez que hayas recopilado información suficiente y tengas una visión clara, quizá te resulte útil fijar plazos para el término. Las opciones ya no son ilimitadas; no se trata de un proceso tan abierto. Tal vez aún no veas clara la meta, pero los elementos principales están ahí.

Imagina que cuentas con un guion que debe convertirse en un *storyboard*. Pasar de ese guion gráfico a una película terminada es en cierto sentido un proceso mecánico. Hay elementos artísticos e inspiración involucrados y un millón de decisiones que tomar, pero el camino está claro. Nuestra tarea creativa se enmarca ahora en unos parámetros más estrechos.

Si los planos nos complacen, podemos construir de muchas maneras distintas. Siempre y cuando hagamos comprobaciones para asegurarnos de que el proyecto está a la altura del plan original, podría haber diferentes versiones, todas convincentes. Su fuerza radica en la estructura que lo sustenta.

Si el proyecto fuera un edificio, sería preciso decidir de qué materiales revestirlo y qué tipo de ventanas instalar. Cada uno tendría sus preferencias, pero el edificio conservaría su integridad. Aunque los detalles son importantes, el proyecto no depende de ellos.

En la fase de construcción, las fechas de término son más límites orientativos que plazos fijos. A lo largo de esta etapa todavía existe el elemento sorpresa y acaso regresemos en algún momento a la fase de experimentación.

Mientras ejecuta su proyecto, es posible que el artista sucumba a la presión exterior de fijar una fecha de entrega. Todo está preparado. Las personas ajenas al proyecto están enteradas. Y entonces, en ocasiones, mientras avanzamos con determinación hacia la etapa final, un rumbo nuevo y preferible puede aparecer. Pero el artista se queda sin tiempo para explorarlo. Y eso pone en peligro el resultado.

El objetivo del artista no solo es producir algo, sino llevar a cabo el mejor trabajo del que sea capaz. La industria piensa en términos de ganancias trimestrales y calendarios de producción. El artista piensa en términos de excelencia atemporal. Durante la construcción, márcate plazos para tu propia motivación, pero no hace falta compartirlos con los demás a menos que te ayude a responsabilizarte.

Conforme la fase de construcción se vaya acercando al final, podríamos empezar a pensar en términos de plazos fijos.

⊙

La construcción alberga una paradoja. Para crear la mejor obra posible, somos pacientes y evitamos apresurar el proceso, al mismo tiempo que trabajamos con rapidez y sin retrasarnos.

Si alargamos demasiado esta fase, podrían surgir numerosos inconvenientes. Uno es la desconexión. Si un artista está creando una obra hermosa y trabaja en ella más allá de lo necesario, en ocasiones querrá volver a empezar. Sucede así porque el artista o quizá los tiempos han cambiado.

El arte es el reflejo del mundo interior y exterior del artista durante el periodo de la creación. Alargar los tiempos complica la capacidad del creador para captar un estado del ser. El resultado podría ser una pérdida de conexión con la obra y de entusiasmo hacia esta.

Otro problema sería lo que podríamos llamar «maquetitis». La maquetitis ocurre cuando el artista se aferra con demasiada fuerza y durante un periodo excesivamente largo a la primera versión.

El peligro de vivir con el proyecto inacabado durante demasiado tiempo es que, cuanto más se expone el artista al boceto de una obra, más se parece ese boceto en su mente a la forma final. Un músico podría grabar la primera versión de una canción a toda prisa y luego escucharla miles de veces imaginando distintas maneras de desarrollarla. Sin embargo, cuando llega el momento de avanzar a una mejor versión del tema, la maqueta está tan incrustada en su mente que cualquier cambio le parece una blasfemia. Cuando desarrollamos demasiado apego hacia una versión prematura del proyecto, perjudicamos su potencial.

Para evitar la maquetitis hay una técnica muy sencilla. A menos que estés trabajando activamente para mejorar la obra, evita escucharla, leerla, interpretarla o mostrársela a los amigos. Avanza tanto como puedas en la etapa de construcción y luego aléjate, sin consumir una y otra vez la obra inacabada. Al no aceptar el trabajo en curso como modelo, le damos espacio para crecer, cambiar y seguir desarrollándose.

Ten presente que también es posible que algo fantástico cobre forma con rapidez. Un artista podría dedicar cinco minutos a esbozar la idea para un proyecto y no darle más importancia. O tal vez presienta que encontró la semilla de algo genial y dedique horas a desarrollarla para llevarla más lejos. Pero es posible que el boceto o la maqueta inicial, nacidos en cinco minutos, fueran la mejor versión, la más pura expresión de la semilla. Puede que no lo comprendamos hasta después de embellecerlos o de alejarnos durante un tiempo.

Otro impedimento con el que se topan algunos es una visión que supera su capacidad para manifestarla. Quizá escuchan la percusión en su mente, pero el ritmo es más complejo de lo que permiten sus capacidades. O se imaginan el baile, pero su cuerpo no es capaz de ejecutar los movimientos con la elegancia suficiente. Podría parecer que el paso siguiente supone un salto insalvable.

En momentos como esos es fácil desanimarse. Confundimos la versión de nuestra fantasía con el verdadero potencial del proyecto. Es cierto que, en ocasiones, nuestro concepto mental de la obra se puede trasladar directamente al mundo físico. Otras veces se trata de una versión idealizada y poco realista. Y otras tantas nuestra visión es un objetivo que guía nuestro trabajo y en el proceso descubrimos un destino nuevo e inesperado.

La incapacidad de plasmar una visión sublime puede colocar a la obra exactamente donde debe estar. No dejes que el alcance de tu imaginación se interponga en el camino de realizar una versión más práctica de tu proyecto. Quizá acabes descubriendo que la nueva versión es mejor que aquella inicial e idealizada.

⊙

Cuando estés en plena fase de construcción, avanza hacia un primer borrador. Conserva el impulso. Si llegas a una parte de la obra que te causa problemas, en lugar de dejar que eso te bloquee, dale la vuelta.

Por más que el instinto te induzca a crear de manera secuencial, rodea la sección en la que te has atorado, termina otras partes y luego regresa.

A veces las soluciones a esas partes complicadas se revelarán en cuanto haya surgido el contexto general. Es más fácil construir un puente cuando tenemos claro lo que hay al otro lado.

Esta estrategia tiene otra ventaja. Cuando te atoras en una sección central, saber que solo estás a mitad de camino puede resultar abrumador. Si terminas el resto del borrador y vuelves a la parte que omitiste, te resultará más asequible, sabiendo que solo queda por completar el 5 o el 10% del proyecto. En el instante en que adviertes el final, es más sencillo sentirse motivado.

Cuando sostienes una pieza central del rompecabezas y estás mirando una superficie vacía, difícilmente sabrás dónde colocarla. Si el rompecabezas está terminado salvo por esa única pieza, conoces con exactitud su lugar. Lo mismo se puede aplicar al arte. Cuanta más porción de la obra tengas delante, más fácil te resultará disponer con elegancia los detalles finales allí donde deben estar.

El arte es la decisión de hacer algo con maestría,
cuidando los detalles
y entregándote con todo tu ser
para conseguir la mejor obra posible.
El proceso supera el ego, la vanidad, la gloria personal
y la necesidad de aprobación.

Punto de vista

⊙

El objetivo de un artista no es conseguir la perfección. El objetivo es compartir su esencia y su manera de ver el mundo.

Los artistas nos permiten ver lo que nosotros no vemos, pero sí intuíamos de algún modo. Puede que sea una visión del mundo curiosamente distinta de la nuestra. O una tan parecida que se asemeja a un milagro, como si el artista observara a través de nuestros ojos. En ambos casos el creador nos recuerda quiénes somos y quiénes podríamos ser.

Que el arte proyecte ecos tan importantes se debe, en buena parte, a que los seres humanos somos muy similares. Nos atrae la experiencia compartida que alberga la obra. Incluidas sus imperfecciones. Reconocemos una parte de nosotros en ella y nos sentimos comprendidos. Conectados.

Carl Rogers dijo: «Lo personal es universal». Lo personal es lo que otorga al arte su relevancia; nuestro punto de vista, no nuestra destreza para el dibujo, el virtuosismo musical o la capacidad de contar una historia.

Plantéate la diferencia entre el arte y la mayoría de los oficios. En el arte, nuestro filtro es lo que define la obra. En ciencia o en tecnología, el objetivo es distinto. Pero los artistas no creamos con la intención de hacer algo útil para otra persona, sino para expresar nuestra esencia. Lo que somos y dónde estamos en nuestro viaje.

Nuestro punto de vista no tiene por qué ser coherente. Y rara vez será sencillo. Es posible que tengamos puntos de vista distintos y contradictorios sobre temas diversos. Tratar de reducirlo todo a una sola expresión elegante es poco realista y limitador.

Cualquiera que sea nuestra perspectiva, siempre y cuando la compartamos sin adulterar ni manipular, habremos triunfado en relación con el propósito fundamental del arte.

Cuando creamos una obra de arte, estamos fabricando un espejo en el que otro podría ver su propio reflejo oculto.

⊙

Un punto de vista no equivale a un argumento.

El argumento es una idea que se expresa con una intención determinada. El punto de vista es la perspectiva —consciente o inconsciente— a través de la cual emerge la obra.

Lo que nos llama la atención de una obra de arte rara vez es el argumento que expone. Nos atrae cómo el filtro del artista proyecta las ideas, no las ideas en sí.

No hace falta que escojas un punto de vista. Está ahí, actuando en el fondo, en constante evolución. Los esfuerzos por reflejar deliberadamente cierto punto de vista casi siempre conducen a una sensación de impostura. Nos aferramos a relatos sobre nuestra perspectiva que son inexactos y limitadores.

Wayne Dyer dijo que cuando exprimes una naranja, sale jugo de naranja. Si nos exprimimos nosotros, lo que sale es lo que llevamos dentro. Y parte de ese extracto es un punto de vista del que ni siquiera somos conscientes. Se encuentra integrado en nuestras expresiones artísticas y en las opiniones que compartimos.

Mucho después de que una obra esté terminada, tal vez miremos atrás y entendamos el punto de vista que refleja.

No hace falta esforzarse en presentar un argumento. Aparecerá por sí solo, si es que aparece. El verdadero argumento está presente en el inocente acto de la percepción y la creación. Saberlo es liberador. Elimina parte de la presión. Podemos preocuparnos menos de entender por qué algo funciona o si otros comprenderán lo que intentamos expresar. Somos libres de estar presentes y de dejar que el material fluya a través de nosotros, así como de hacernos a un lado cuando ocurra.

Gran parte del esplendor del arte se percibe en las entrañas. La autoexpresión permite al público expresarse a su vez. Si la obra les dice algo, es irrelevante el hecho de que entiendan al artista.

No le des vueltas a la cuestión de si la gente entenderá tu trabajo. Esos pensamientos solo sirven para provocar interferencias, tanto en la propia expresión artística como en el público. A las personas no nos gusta que nos digan lo que debemos pensar o sentir.

El verdadero arte se crea a través de la libertad que proporciona la autoexpresión y se recibe desde la libertad de la interpretación personal.

El verdadero arte abre una conversación más que cerrarla. Y con frecuencia esta conversación empieza por accidente.

⊙

A la mayoría de los seres humanos nos gusta encajar.

No solo nos adaptamos al flujo de material cambiante que recibimos, sino también a los límites y patrones de la cultura que nos rodea.

¿Se puede hacer verdadero arte desde la conformidad? ¿Y qué sentido tiene ser artistas si rechazamos nuestro punto de vista único y personal?

Las personas que escogemos vivir como artistas aceptamos nuestro filtro como un don. Rechazarlo sería trágico. La luz que refracta proyecta nuestro paisaje singular de posibilidad artística. ¿Cómo podría ser una obra de arte, en ningún caso, un placer culpable?

⊙

Los Beatles se inspiraron en el rock and roll americano; en artistas como Chuck Berry y las Shirelles. Sin embargo, cuando ellos tocaban, la música sonaba distinta. No sonaba distinta porque ellos lo pretendieran. Sonaba distinta porque ellos eran diferentes. Y el mundo reaccionó.

Hay infinitos ejemplos de imitaciones que mudan en auténtica innovación. Idealizar a un artista, un género o una tradición puede ayudarte a crear algo nuevo, porque lo ves desde una perspectiva distinta. El *spaghetti western* de Sergio Leone era folclore abstracto y psicodélico si lo comparamos con las películas del oeste de los cuarenta y los cincuenta que trataba de reproducir.

Es imposible imitar el punto de vista de otro artista. Solo podemos nadar en las mismas aguas. Así que siéntete libre de copiar las obras que te inspiran a lo largo del camino en busca de tu propia voz. Estarás recurriendo a una tradición que ha soportado bien el paso del tiempo.

⊙

La cultura siempre es un diálogo entre pasado, presente y futuro, aunque las influencias no sean evidentes. Como creadores y entusiastas, emitimos y recibimos puntos de vista para participar en ese intercambio y enriquecerlo.

Cuando oímos algo nuevo, obtenemos ideas de dónde hemos estado y adónde podríamos ir. Tal vez pensáramos que solo podíamos avanzar hacia delante. Pero si algo gira a la izquierda nos está mostrando que también podemos dar vuelta a la derecha. Y este giro tal vez inspire a otra persona a explorar un rumbo totalmente nuevo.

Se trata de un bucle simbiótico. La cultura marca tu identidad. Y tu identidad marca tu obra. Y tu obra determina la cultura a su vez.

Este desfile constante a lo desconocido no existiría si no se estuvieran compartiendo millones de puntos de vista divergentes de manera simultánea.

Expresarse en el mundo es igual a creatividad. Tal vez no llegues nunca a saber quién eres si no lo expresas de algún modo.

Romper la monotonía

⊙

En ocasiones, durante la fase de construcción, te puedes topar con un muro. Por más que que lo intentes, el trabajo no mejora. Antes de alejarte de la pieza, vale la pena encontrar un modo de romper la tendencia a imitarte y renovar la emoción hacia la obra, como si la abordaras por primera vez.

De vez en cuando, en el estudio de grabación, sugiero a los artistas ejercicios con este objetivo en mente. Los ponemos en práctica sin albergar expectativas respecto al resultado. La intención no es otra que reavivar la ilusión y acceder a nuevas formas de expresión.

A continuación encontrarás varios de esos ejercicios. Tanto si estás en un punto muerto como si no, quizá te inspiren experimentos parecidos en tu ámbito.

Pequeños pasos

Para dar un impulso a un músico que estaba bloqueado, le ofrecimos una sencilla tarea: componer un solo verso al día. Que el verso le pareciera bueno o malo carecía de importancia, siempre y cuando se comprometiera a componerlo. Si quería seguir adelante, estupendo, aunque no era necesario. Al dividir lo que le parecía insalvable en pequeñas partes, su canal creativo se reabrió y al final volvió a componer temas completos. Sucedió con mucha más rapidez de lo que cabía esperar.

Cambiar el entorno

Si buscamos un estilo distinto, es buena idea modificar un elemento del entorno. Apagar las luces y tocar a oscuras puede generar un cambio en la consciencia y romper la monotonía de una canción a otra. Otras variantes con las que hemos experimentado incluyen pedirle a un cantante que tome el micrófono en lugar de quedarse parado enfrente y grabar a primera hora de la mañana en vez de hacerlo por la noche. Para variar aún más, un vocalista decidió cantar colgado de cabeza.

Subir o bajar la apuesta

Además de modificar el entorno externo, también se puede alterar el interno. Si una banda imagina que una toma de una canción es la última en lugar de otra más, es posible que la interprete de manera distinta. Otras veces, una apuesta más baja, como hacer un ensayo antes de la grabación definitiva, puede generar la mejor expresión.

Traer público

Cuando un artista se engrandece delante de la multitud, podemos invitar a varias personas a presenciar la sesión. Saberse observado cambia la actuación de un músico. Aunque el público esté compuesto por una sola persona que no forma parte del proyecto, su presencia puede ser suficiente. Si bien hay artistas que se exceden cuando tienen oyentes y otros que tienden a contenerse, por lo general estarán más concentrados en presencia de otras personas. Aunque tu campo artístico no requiera actuar, como la escritura o la cocina, es muy probable que varíe delante de un observador. El objetivo es averiguar los parámetros específicos que sacan lo mejor de ti.

Cambiar el contexto

En ocasiones un cantante no consigue conectar con un tema, como un actor cuya interpretación careciera de vida. En esos casos puede ser útil darle un nuevo sentido a la canción o crear otra historia de fondo para la letra. Una canción de amor sonará distinta si se la cantas a un amor perdido hace mucho tiempo, a la pareja que tuviste durante treinta años y con la que ya no estás, a una persona con la que te cruzaste por la calle y a la que no llegaste a hablar o a tu madre.

Una vez le sugerí a un artista que cantara una canción de amor dedicada a una mujer como si le rezara a Dios. Podemos probar distintas posibilidades con un mismo tema sin cambiar la letra y ver qué versión suscita la mejor interpretación.

Alterar la perspectiva

Una técnica que usamos a veces en el estudio es subir exageradamente el volumen de los audífonos. Cuando el sonido estalla en los oídos, la tendencia natural es tocar en un tono mucho más tranquilo para restaurar el equilibrio. Se trata de un cambio de perspectiva forzado y puede suscitar una interpretación muy delicada. Incluso las voces se susurrarán, porque cualquier otra cosa resultaría abrumadora. De manera inversa, para animar a un cantante a cantar más alto, con más energía, podría pedirle que bajara el volumen vocal de los audífonos de tal forma que su voz quedara opacada por la música. Más allá de la situación, cuando algo se nos resiste, suele haber algún modo de diseñar el entorno con el fin de favorecer naturalmente el estilo al que aspiramos.

En un concierto, instalar las luces de manera que el artista vea a la multitud y sus rostros o que no pueda verlos modificará la actuación. Si un músico usa monitores de oído y solamente oye la música que está tocando, pero no la reacción del público, su actuación será muy distinta que si oye los gritos de la audiencia. Vale la pena experimentar con distintos escenarios para observar qué suscita cada uno y conseguir la expresividad que buscamos.

Componer para otro

En el caso de un músico que suele componer su propio material, le sugiero: «Imagina que tu artista favorito te pidiera un tema para su próximo álbum. ¿Cómo sonaría?».

Crear algo que nos encantaría incluir en el repertorio de nuestro artista favorito despersonaliza el proceso y puede permitir al artista liberarse de sí mismo. Carole King y Gerry Goffin compusieron un himno del empoderamiento femenino, *(You Make Me Feel Like) A Natural Woman.* King —y luego Aretha Franklin, claro— la cantó. Me sorprendió descubrir que Goffin escribió la letra y King la música.

A veces les pido a los músicos que elijan un artista cuyas letras y punto de vista sean muy distintos de los suyos como recurso para evitar la monotonía que se puede apoderar de una carrera con el tiempo. Si un artista suele derrochar gracia, podríamos escoger a un letrista más frágil, de voz más suave. Si tiendes a componer con un estilo X, sería interesante que eligieras un artista que sea lo opuesto a X. Eso no significa que el tema vaya a ser bueno. Solo será interesante descubrir adónde te conducirá. Y en ocasiones te conducirá justo adonde debes ir.

Igual que los demás ejercicios, este se puede aplicar a cualquier ámbito artístico.

Si pintas, crear una obra al estilo de tu pintor preferido puede abrir un canal y generar resultados interesantes. Muchos creadores creen saber cuál es su área de especialidad, y eso acaba limitándolos. De ahí que sea útil salir de uno mismo para entrar en el área de especialidad de otro.

Añadir imaginería

Una vez estaba trabajando en un álbum y la banda tenía problemas con el solo de teclado. El ambiente que se respiraba no era el adecuado. Queríamos algo más majestuoso y, en lugar de buscar una referencia musical, creamos una escena. Se nos ocurrió describir el paisaje posterior a una batalla: «Imagina una hermosa colina verde cubierta de árboles y plantas, sobrecogedora, donde la batalla acaba de terminar. El monte todavía humea y hay soldados heridos esparcidos por el suelo, esperando ayuda». Describimos la escena con gran realismo y luego le dijimos al tecladista: «Toca el solo así», y grabamos directamente. El resultado fue precioso.

Desde entonces, es una técnica que usamos habitualmente. Con frecuencia ni siquiera sabemos qué relaciones hay entre la imagen y lo que queremos oír. Pensar una imagen o una historia, o imaginar que estás componiendo la música para una película y empezar a tocar, con frecuencia ayuda a definir una melodía dispersa.

Limitar la información

Cuando un compositor envía la maqueta de una canción para que una banda la grabe en el estudio, prefiero que los músicos no tengan información de las elecciones musicales que el compositor hizo para la maqueta. Por lo general, le pido a uno de los músicos, normalmente un guitarrista, que la escuche y se aprenda los acordes, los anote junto a la letra de la canción y se la entregue a la banda.

El guitarrista y el cantante interpretan entonces el tema sin más sugerencia rítmica que su tendencia natural.

Cuando trabajas con grandes músicos, esta estrategia les brinda libertad para aportar más de sí mismos. Más que grabar una buena versión de la maqueta, recurren a toda la gama de su creatividad y de su capacidad de tomar decisiones para llevar la canción a un lugar nuevo y muchas veces inesperado. Si los resultados no son geniales después de probar varios enfoques, siempre pueden escuchar la maqueta, aunque casi nunca sucede.

El principio general consiste en adoptar una actitud protectora y evitar, en la medida de lo posible, las interferencias en el proceso creativo de las personas con las que trabajas. Limita la información a un borrador elemental. Si quieres que los creadores den lo mejor de sí, debes otorgarles libertad para crear. Si le das a un guionista un libro, un esquema o una frase para que los convierta en un guion, cada elemento desembocará en un guion muy distinto.

Estos ejercicios no son las tablas de la ley. La intención es ofrecer distintas perspectivas y circunstancias, y ver adónde llegas tú o tus colaboradores. Plantéate crear tus propias versiones de estos experimentos. O, si usas los que yo propongo, siéntete libre de cambiar los parámetros mientras trabajas o prescindir de ellos cuando te parezca adecuado. Los ejercicios en sí tienen poca importancia. La idea es ofrecer una estructura que te permita probar algo distinto de tu método habitual y encontrar nuevas maneras de seguir avanzando.

Finalización

Conforme la obra avanza por la fase de construcción, llega un momento en que la exploración de las distintas opciones que tienes te parece suficiente.

La semilla alcanzó su máxima expresión y la sometiste a una poda satisfactoria. No queda nada que añadir o quitar. La esencia de la obra resuena nítida. En esos instantes te invade una sensación de término.

A partir de ahora, nos desplazamos hacia la fase final del proceso creativo.

En la etapa de finalización, dejamos atrás los descubrimientos y el trabajo de construcción. Con un volumen considerable de material terminado ante nosotros, llega la hora de depurar esa expresión final para mostrarla al mundo.

Los retoques y ajustes finales son distintos para cada proyecto. Pueden ser tan sencillos como ponerle el marco a una pintura, corregir el color de una película, ajustar la mezcla final de una canción o releer el manuscrito para tener la seguridad de que la redacción es correcta.

Igual que en las otras fases del acto creativo, la etapa de finalización no es una línea definida que cruzas en tu viaje hacia delante. En el proceso de preparar la obra para compartirla, tal vez descubras que falta trabajo por hacer. Puede que requiera una revisión, una incorporación, una supresión o algún otro cambio. De ser así, puedes volver a la fase de construcción o de experimentación y avanzar desde ahí.

Puedes imaginar la fase de finalización como el último paso en una línea de montaje. Se trata de someter a examen la pieza terminada para tener la seguridad de que cumple tus máximas exigencias de calidad. Si no las cumple, hay que mejorarla. Una vez que lo hace, le das el visto bueno, te olvidas de ella y comienzas el siguiente capítulo de tu vida, sea cual sea.

⊙

Cuando tengas la sensación de que tu proyecto se aproxima a la fase final, puede ser útil abrir la puerta a otros puntos de vista.

El objetivo principal no es recibir observaciones u opiniones. Se trata de tu obra, de tu expresión artística. Eres el único público que importa. La intención es que puedas experimentar la obra de nuevo.

Cuando tocamos música para otra persona, la oímos de manera distinta a cuando la tocamos a solas. Es como si nos pusieran unos segundos oídos. No nos interesa necesariamente buscar un punto de vista externo. Nos importa más ampliar el nuestro.

Si escribimos un ensayo y se lo damos a un amigo para que lo lea, nuestra relación con el trabajo cambia antes incluso de que nos dé su opinión. Pídele a un profesor o mentor que lo lea y tu perspectiva se modificará. Cuando mostramos nuestro trabajo a otros, nos interrogamos. Nos formulamos preguntas que no nos planteábamos mientras creábamos la obra. Compartirla con unas pocas personas pone de manifiesto las dudas que permanecían ocultas.

Si alguien decide hacerte comentarios, debes escuchar para entender a la persona, no la obra. Cuando nos ofrecen una crítica, las personas nos dicen más de sí mismas que de nuestro trabajo. Cada cual ve su propio mundo.

De vez en cuando un comentario dará en el blanco. Resonará con algo que ya intuíamos, bien conscientemente, bien detrás de la consciencia, y tal vez descubramos que aún podemos mejorar la obra. Otras veces una crítica nos tocará una fibra sensible y nos pondremos a la defensiva o perderemos la fe en la pieza.

En esos momentos puede ser buena idea retirarse, reiniciar y volver con mentalidad neutra. Las críticas nos permiten relacionarnos con la obra de otra manera. Puede que pensemos que son acertadas o puede que nos reafirmemos en nuestra intuición original.

En ocasiones un desafío nos brinda la oportunidad de concentrarnos en cierto aspecto del trabajo y caer en la cuenta de que es más importante de lo que pensábamos. En el proceso, accedemos a una comprensión más profunda de la obra y de nosotros mismos.

Cuando recibes críticas, las soluciones ofrecidas no siempre parecen útiles. Antes de descartarlas, dedica un momento a valorar si están señalando un problema que no habías tomado en cuenta.

Por ejemplo, si alguien te sugiere eliminar el puente de una canción, podrías interpretarlo como «vale la pena echarle otro vistazo al puente», y ponerle atención en el contexto de toda la canción.

Si creaste algo verdaderamente innovador, es normal que genere tanto rechazo como atracción. Las mejores obras dividen al público. Si le gusta a todo el mundo, es probable que no hayas arriesgado lo suficiente.

En última instancia, tú eres la única persona que debe amar el resultado. Esta obra es para ti.

⊙

¿Cuándo está terminada una obra?

No hay fórmula ni método para responder a esta pregunta. Lo sabes por intuición.

La obra está terminada cuando intuyes que lo está.

Si bien evitaremos los plazos en las primeras fases del proceso, una fecha límite en la etapa de finalización te puede ayudar a tener presente el factor tiempo y acabar el trabajo.

El arte no se crea contrarreloj. Pero sí es posible finalizarlo de esta forma.

Para algunos, esta es la fase más difícil del proceso. Se resisten a soltar la obra con uñas y dientes.

Hasta ese momento, la arcilla sigue siendo maleable. Todo puede cambiar. Una vez que la damos por acabada, perdemos el control. Este miedo a la permanencia es muy habitual fuera del ámbito del arte. Se conoce como «fobia al compromiso».

Cuando cl último capítulo está a punto de terminar podemos inventar excusas para postergar la finalización de la obra.

Puede ser una súbita pérdida de fe en el proyecto. Decidimos que ya no nos parece lo bastante bueno. Le vemos defectos que en realidad no existen. Hacemos cambios sin importancia. Creemos advertir el espejismo de una opción creativa mejor, que aún no hemos descubierto. Y nos decimos que si seguimos trabajando la encontraremos.

Si piensas que la obra que tienes entre manos te definirá para siempre, cuesta soltarla. La necesidad de perfección se torna abrumadora. Es excesiva. Te paralizas y a veces te convences de que desechar todo el trabajo es el único modo de avanzar.

Las únicas obras de arte que el mundo llega a disfrutar están firmadas por creadores que superaron ese obstáculo y publicaron su trabajo. Tal vez en alguna parte existieran artistas todavía más distinguidos. Nunca lo sabremos, porque no fueron capaces de dar ese salto.

Hacer pública la obra resulta más fácil si recordamos que ninguna pieza individual será nunca el reflejo de nuestra totalidad, tan solo una manifestación de nuestra esencia en una época concreta. Si esperamos, ya no mostrará nuestro reflejo actual. Puede que dentro de un año la inspiración nos guíe a una pieza que no se parezca en nada a esta. Cada obra tiene su momento. El paso de las estaciones podría disipar el valor que hoy posee para nosotros.

Aferrarse a un proyecto sería como pasar años escribiendo la misma página en un diario. Se pierden instantes especiales y oportunidades. Negamos a las creaciones siguientes la posibilidad de ver la luz.

¿Cuántas páginas quedarán en blanco porque las dudas y la cavilación empañaron tu proceso? Conserva esta pregunta en la mente. Tal vez te permita avanzar con mayor libertad.

En un entorno donde nada es permanente, creamos objetos estáticos. Recuerdos del espíritu. Esperamos que vivan por siempre, que sigan proyectando ecos con cada década que pase. Puede que algunos lo hagan, muchos no. Es imposible saberlo. Solo podemos continuar construyendo.

Cuando tu obra y tú están en sincronía, hay un momento para mostrársela al mundo y seguir adelante.

Cada nuevo proyecto es una oportunidad más para comunicar lo que se manifiesta a través de ti, para conectar. Otra página escrita en el diario de tu vida interior.

⊙

Las dificultades para lanzar una obra pueden proceder de ansiedades más profundas. Podría ser el miedo a las críticas, a no ser comprendido, a ser ninguneado o rechazado. ¿Acudirán nuevas ideas? ¿Volverán a ser tan buenas como esta?

¿Le importará a alguien siquiera?

Una parte del proceso de soltar consiste en renunciar a cualquier pensamiento sobre la recepción que tendrá la pieza. Cuando creamos arte, el público es lo de menos. Es mejor no plantearse la recepción que tendrá la obra ni la estrategia de lanzamiento hasta que esté acabada y nos encante.

Eso no significa que tenga que ser perfecta. Podemos identificarnos con cualquiera de las obras en las que hemos participado y reconocer igualmente sus deficiencias. Quizá no lo hicimos cuando las terminamos, pero sucede a menudo al mirar atrás. Siempre habrá cambios que hacer. No existe una versión correcta. Toda obra de arte es una aproximación, nada más.

Una de las grandes recompensas de expresarse artísticamente es la capacidad de compartir las creaciones. Aunque no haya público al otro lado, desarrollamos la voluntad necesaria para hacer algo y mostrarlo al mundo. Es positivo adquirir el hábito de terminar el trabajo. Potencia la autoconfianza. A pesar de nuestras dudas, cuantas más veces damos el paso de hacer público el trabajo, menos pesa la inseguridad.

Evita pensar demasiado. Cuando estés contento con la obra y te sientas preparado para compartirla con un amigo, podría ser hora de compartirla con el resto del mundo.

Esta fase final es un momento fértil en el que podemos plantar nuevas semillas. La emoción de un nuevo comienzo puede generar la energía vital que hace falta para cerrar el trabajo actual. Tal vez te cueste seguir concentrado en el proyecto que tienes entre manos si nuevas ideas llegan a tu mente. Es un problema muy positivo. Subirnos a la ola de la fuerza vital del próximo proyecto a menudo nos saca del trance de la pieza presente. No vemos la hora de terminar, porque hay otra idea llamando a la puerta que nos enciende la llama.

¿Es hora de pasar al proyecto siguiente
porque el reloj o el calendario
dicen que ha llegado el momento
o porque la propia obra
nos lo está pidiendo?

La mentalidad de la abundancia

⊙

Un río de material fluye a través de nosotros. Cuando compartimos nuestras obras e ideas, estas se reponen. Si bloqueamos el flujo conservándolas dentro, el río no puede correr y las nuevas ideas tardan más en aparecer.

Con mentalidad de abundancia, el río nunca se seca. Las ideas no dejan de llegar. Y el artista se siente libre de hacerlas públicas desde el convencimiento de que siempre habrá más.

Si vivimos con mentalidad de escasez, acaparamos grandes ideas. Al cómico tal vez se le presente la oportunidad de contar el mejor chiste que ha escrito, pero en lugar de hacerlo se lo guarda a la espera de una ocasión más oportuna. Cuando usamos el material, llegan nuevas ideas. Y cuanto más compartimos, más mejoran nuestras destrezas.

Optar por vivir en la escasez conduce al estancamiento. Si trabajamos en un proyecto por toda la eternidad, nunca podremos empezar el siguiente. El miedo a la sequía y el impulso del perfeccionismo nos impiden seguir avanzando y bloquean el flujo del río.

Toda mentalidad pone en juego una ley universal: obtienes aquello en lo que te concentras.

Si la mente crea un mundo limitado, en el cual no generamos ideas o material lo suficientemente valiosos, no seremos capaces de ver la inspiración que el universo nos ofrece.

Y el río baja más despacio.

En el mundo de la abundancia, nuestra capacidad de terminar un proyecto y mostrárselo al mundo es mayor. Cuando hay tantas ideas a nuestra disposición y tanto arte que crear, nos sentimos impulsados a atenderlas, soltarlas y darle vuelta a la página.

Si solo tuviéramos un proyecto entre manos y hubiéramos decidido retirarnos una vez finalizado, careceríamos del impulso necesario para acabar. Cuando abordamos cada pieza como si fuera la obra de nuestra vida, tendemos a revisar y reescribir de forma incesante, pues aspiramos a un ideal de perfección que se aleja de la realidad.

El músico retrasaría la publicación del álbum por miedo a no haberse arriesgado lo suficiente en las canciones. Sin embargo, un álbum no es más que la página de un diario escrita en cierto momento, el reflejo de la persona que es el artista en esos tiempos. Y la página de un diario nunca es la historia de nuestra vida.

La obra de nuestra vida supera con mucho cualquier recipiente individual. Las obras que creamos son capítulos, a lo sumo. Siempre habrá un nuevo capítulo y otro más después de ese. Si bien algunos serán mejores que otros, eso no nos debe preocupar. Nuestro objetivo será sentirnos libres para cerrar un periodo y pasar al siguiente, y seguir en ese ciclo durante tanto tiempo como nos plazca.

Tu obra anterior no es mejor que la nueva. Y tu nueva obra no es mejor que la antigua. Siempre habrá altibajos en la vida de un artista. Dar por hecho que hubo una época dorada y que ya pasó solo será verdad en la medida que aceptes esa premisa. No podemos aspirar a otra cosa que aplicar el máximo esfuerzo en cada momento, en cada capítulo.

Siempre hay algo que mejorar u otra versión que probar. Podríamos trabajar en algo durante otros dos años y obtendríamos un resultado distinto. Pero no hay modo de saber si será mejor o peor, solo diferente. Igual que tú. Y es posible que hayas evolucionado hasta dejar atrás la obra a la que dedicaste años. Tu reflejo directo está ahora desvaído. La obra recuerda más a una vieja fotografía que a la imagen de un espejo. Es desalentador terminar y compartir una obra con la que ya no conectas.

Cuando reconocemos la abundancia, nos inunda la esperanza de que nuestras ideas más brillantes todavía están por descubrirse y nuestra mejor obra aún debe manifestarse. Somos capaces de vivir en un estado dinámico de impulso creativo, libres de hacer cosas, de soltarlas, de realizar las siguientes y dejarlas marchar a su vez. Con cada capítulo adquirimos experiencia, mejoramos nuestra técnica y nos acercamos un paso más a nuestra esencia.

El experimentador y el finalizador

⊙

Numerosos artistas, por su temperamento, encajan en una de dos categorías: experimentadores y finalizadores.

Los experimentadores son proclives a soñar y jugar. Les resulta más difícil terminar y lanzar la obra.

Los finalizadores son la imagen especular de los anteriores, un reflejo a la inversa. Avanzan con rapidez hacia el final con una claridad instintiva. Les interesa menos explorar las posibilidades y alternativas que ofrecen las fases de experimentación y construcción.

Ambos pueden aprender del otro.

A los finalizadores les vendrá bien dedicar más tiempo a las primeras fases. Componer más allá del mínimo requerido, experimentar con otros materiales, consideraciones y perspectivas. Concederse espacio para la improvisación y la sorpresa en el proceso.

A los experimentadores les ayudará completar una parte de la obra. Podría ser un dibujo, una canción o el capítulo de un libro. Incluso tomar una decisión fundamental desde la cual empezar a construir.

Tomemos un álbum como ejemplo. Si eres un músico que debe componer diez canciones, enfócate en dos. Cuando reducimos la tarea para que sea más asequible y concentrada, se produce un cambio. Y terminar incluso un pequeño segmento aporta seguridad.

Pasar de dos a tres es más fácil que pasar de cero a dos. Y si por casualidad te atoras en la tercera, sáltatela y prosigue con la cuarta y la quinta.

Acaba tantos elementos del proyecto como puedas sin entretenerte. Es mucho más fácil volver al principio cuando la carga de trabajo se reduce. El conocimiento que obtenemos al terminar las otras partes suele ser la clave que necesitamos para vencer obstáculos anteriores.

Reglas provisionales

Buena parte del trabajo artístico implica transgredir, olvidar, socavar y erradicar normas que ni siquiera éramos conscientes de estar siguiendo. También hay espacio para imponerse reglas y emplearlas como herramientas que definan un proyecto determinado.

Cuando careces de restricciones materiales, temporales y presupuestarias, las opciones son ilimitadas. En cuanto aceptas limitaciones, tu abanico de opciones se reduce. Si son deliberadas como fruto de la necesidad, ayuda contemplar las restricciones como oportunidades.

Imagínalo como decidir una paleta de colores para cada proyecto. Dentro de esos límites, los aspectos relativos a la resolución de problemas son más específicos, y las soluciones más evidentes quizá no estén a tu alcance. Esa exclusión selectiva puede otorgar personalidad a la nueva obra y distanciarla de proyectos anteriores, lo que conlleva un potencial de resultados revolucionarios. Los problemas inéditos conducen a soluciones originales.

Georges Perec escribió un libro entero sin usar la letra más frecuente del alfabeto francés: la e. Llegó a ser una de las obras experimentales más aplaudidas de la literatura moderna.

El pintor Yves Klein decidió limitar su paleta a un solo color. Eso le permitió descubrir un tono de azul totalmente nuevo. Para muchos, el color en sí mismo era una forma de arte y más tarde se denominó «International Klein Blue» o «azul Klein».

El director de cine Lars von Trier ideó diez reglas, el Voto de Castidad Dogma 95, que buscaban reducir la artificialidad del cine. Eran las siguientes:

1. El rodaje debe realizarse en localizaciones reales, sin accesorios ni decorados que no existan previamente en el escenario.
2. Solo sonido diegético. No se pueden introducir sonidos, como música, si no están presentes en el rodaje.

3. Hay que rodar cámara en mano. El movimiento, la inmovilidad y la estabilidad se crearán con los movimientos de la mano.
4. La película tiene que ser en color, sin una iluminación especial. Si la luz es insuficiente, se puede acoplar un único foco a la cámara.
5. Los efectos ópticos y los filtros están prohibidos.
6. Nada de acción superficial (como asesinatos, escenas de riesgo y similares).
7. Los cambios geográficos están estrictamente prohibidos. La película debe desarrollarse aquí y ahora.
8. No se permiten las películas de género.
9. El único formato aceptable es el de 35 mm.
10. El nombre del director no debe aparecer en los créditos.

Tres años después de que apareciera el manifiesto, Thomas Vinterberg estrenó la primera película oficial Dogma 95, *Celebración (Festen)*. El film recibió el aplauso inmediato de la crítica y ganó el premio especial del jurado en el Festival de Cine de Cannes en 1998.

Inspirado por Von Trier, el tecladista Money Mark ideó una serie de reglas parecidas, aplicables a la música, para la grabación de uno de sus álbumes más laureados.

Las reglas del beisbol o del basquetbol definen el juego y rara vez se alteran. La innovación únicamente existe dentro de esas reglas. Como artistas, tenemos la posibilidad de crear una nueva serie de normas cada vez que jugamos. Después de meditarlo a conciencia, tal vez decidamos romperlas en mitad de un proyecto si un descubrimiento nos incita a ello. Aunque resulta sencillo hacer esos cambios, las reglas servirán de poco si no las respetamos.

No hay reglas buenas o malas. Solo aquellas que se adaptan a la situación y benefician al arte y aquellas que no lo hacen. Si el objetivo es crear la obra más bella posible, cualquier directriz que conduzca a ese fin será adecuada.

La adopción de reglas es más valiosa para los artistas que ya tienen un bagaje. Si eres un creador consolidado en cierta disciplina o ámbito, algunas reglas provisionales te pueden resultar útiles para romper un patrón. El desafío tal vez te ayude a mejorar, a innovar y mostrar una nueva faceta tuya o de tu obra.

Algunos artistas de talento deciden pasarse a instrumentos o medios con los que están menos familiarizados, porque el reto revela al artista que son en realidad, sin la distracción que implica su destreza técnica.

Fija parámetros que te obliguen a salir de tu zona de confort. Si siempre escribes en la *laptop*, prueba a hacerlo en un cuaderno. Si eres diestro, pinta usando la mano izquierda. Si basas tus melodías en los instrumentos, escribe una *a cappella*. Si sueles rodar usando equipo profesional, plantéate filmar toda una película con el celular. Si siempre investigas para preparar tus personajes, prueba a improvisar.

Más allá de lo que escojas, opta por algo que rompa tu ritmo habitual, a ver adónde te lleva. Solo por el tipo de limitaciones que te marques, el trabajo ya será distinto de lo que has hecho antes. Que lo mejore o no carece de importancia. El objetivo es el autodescubrimiento.

Si sueles escribir párrafos cortos, tal vez quieras experimentar con párrafos más largos. Puede que el nuevo formato no te convenza, pero seguramente aprenderás algo en el proceso que mejorará tus párrafos cortos. Al romper las reglas, obtendrás un conocimiento más profundo de tus decisiones pasadas.

A algunos artistas de éxito, cuando se plantean un cambio de estilo, les preocupan las reacciones. Se preguntan: «*¿El público lo aceptará?*».

Cuando exploras nuevos horizontes, es posible que pierdas algunos fans. Pero también podrían aparecer otros. Pase lo que pase, la decisión de limitarte a lo que ya conoces no los beneficia a ti ni a tu público. La energía del asombro y el descubrimiento se puede perder cuando pisamos el mismo terreno una y otra vez.

Las reglas son un modo de estructurar la consciencia.

Grandeza

⊙

Imagina que te vas a vivir a la cima de una montaña, en soledad. Construyes una casa que nadie visitará nunca. A pesar de todo, inviertes dinero y esfuerzo para adecuar el espacio en el que vas a vivir.

La madera, los platos, las almohadas…, todo es magnífico. Adaptado a tu gusto.

Esa es la esencia del verdadero arte. No tiene otro propósito que crear nuestra versión de lo que es bello, dándolo todo en cada proyecto, cualesquiera que sean los parámetros y las restricciones. Considéralo una ofrenda, un acto religioso. Damos lo mejor, como mejor nos parece…, a nuestro gusto. Al de nadie más.

Creamos obras de arte para poder habitarlas.

El cálculo de la grandeza es subjetivo, como el propio arte. No existen criterios cuantificables. Actuamos para un público de una sola persona.

Si piensas: «A mí no me gusta, pero a alguien le gustará», no estás creando para ti. Estás trabajando para la industria, y no pasa nada; sencillamente, es posible que no sea arte. No hay una línea clara entre una cosa y otra. Cuanto más se adapte tu creación a una fórmula, cuanto más acaricie el territorio de lo que triunfó antes, menos posibilidades hay de que sea arte. De hecho, la creatividad desde esa mentalidad ni siquiera suele alcanzar sus propios objetivos. No hay criterio más válido para predecir lo que puede conquistar a otro que amarlo tú.

Miedo a las críticas. Apego a los resultados comerciales. Competir con la obra anterior. Restricciones de tiempo y recursos. Aspirar a cambiar el mundo. Cualquier cosa que no sea «quiero crear lo mejor que esté a mi alcance» es una energía que mina la búsqueda de grandeza.

En lugar de enfocarte en lo que tu trabajo te reportará, concéntrate en cómo contribuyes a que tu expresión artística sea la mejor posible, sin límites.

Si creas algo con un objetivo puramente funcional, como diseñar un coche que alcance determinada velocidad, pueden ser importantes otras consideraciones. Si tu proyecto es puramente artístico, reencauza tu voz interior para que se concentre tan solo en intenciones artísticas.

Cuando el objetivo no es otro que hacer un gran trabajo, se produce una reacción en cadena. Elevas tus expectativas en todo lo que haces, algo que no solo empuja a parámetros más altos tu obra, sino toda tu vida. Incluso podría inspirar a otros a dar lo mejor de sí. La grandeza engendra grandeza. Es contagiosa.

Éxito

¿Cómo medimos el éxito?

No es la popularidad, el dinero o las críticas positivas. El éxito se produce en la privacidad del alma. Llega en el instante en que decides publicar la obra, antes de exponerte a una sola opinión. Cuando has hecho todo lo posible por extraerle todo su potencial. Cuando te sientes satisfecho y estás listo para dejarla marchar.

El éxito no tiene nada que ver con variables externas a ti.

Dar vuelta a la página es una faceta del éxito. Sucede cuando terminamos la obra, la compartimos y comenzamos un nuevo proyecto.

Lo que venga después de esa tranquila sensación de deber cumplido dependerá de las circunstancias del mercado. Pormenores que no podemos controlar. Nuestra vocación es crear obras bellas en la medida de nuestra capacidad. En ocasiones serán recibidas entre aplausos o premios, otras veces no. Si dudamos de nuestro saber interno en un intento de predecir lo que a otros les pueda gustar, nuestra mejor obra nunca llegará.

⊙

El éxito popular no es un buen barómetro de una obra y su valor. Para que una creación artística destaque en el plano comercial se deben alinear varios astros, y ninguno de ellos guarda relación con la calidad del proyecto. Podría depender del marco temporal, de los mecanismos de distribución, del ambiente cultural o de la relación con acontecimientos del momento.

Si el mismo día que una obra se hace pública se produce una catástrofe global, podría quedar eclipsada. Si cambias de estilo, tus fans podrían no mostrarse receptivos al principio. Si una obra muy esperada de otro artista se lanza el mismo día que la tuya, difícilmente tu proyecto causará el mismo impacto. La mayoría de las variables están completamente fuera de nuestro control. Las únicas que podemos controlar son hacer el mejor trabajo posible, compartirlo, empezar el siguiente y no mirar atrás.

⊙

No es raro que aspiremos a triunfar con la esperanza de llenar un vacío interno. Algunos se imaginan el éxito como un remedio para compensar o suprimir un sentimiento de inferioridad.

Los artistas que se han esforzado mucho para conseguir el éxito no suelen estar preparados para la realidad que implica. Pocas veces se hacen públicos todos los aspectos de la popularidad. Y los artistas a menudo se quedan tan vacíos como estaban antes, probablemente más.

Si vives pensando que el éxito pondrá fin a tu dolor, te invadirá la desesperanza cuando el tratamiento no funcione. Comprender que aquello que has perseguido buena parte de tu vida no te quita las inseguridades ni te hace menos vulnerable puede provocar una depresión. Es probable que, siendo la apuesta más alta y las consecuencias más profundas, solo sirva para empeorar la presión. Y nadie nos enseña a lidiar con esa decepción de proporciones épicas.

Un público leal puede empezar a resultarte una prisión. Un músico puede saltar a la fama con un género determinado, su favorito del momento. Si más adelante sus gustos cambian, podría sentirse encadenado al estilo anterior, ya que ahora sus representantes, directores de publicidad, agentes, asistentes y demás dependen de su éxito comercial. En un plano personal, es posible que el artista vincule incluso su propia identidad al estilo con el que se identificaba en el pasado.

Cada vez que el instinto nos empuja hacia el movimiento y la evolución, es de sabios escucharlo. La alternativa, quedarse atrapado por miedo a perder terreno, es un callejón sin salida. Tal vez dejes de disfrutar con el trabajo e incluso pierdas la fe en él porque ya no refleja tu verdad. A causa de ello, tu obra podría sonar vacía y no convencer al público de cualquier forma.

Toma en cuenta que tal vez no fuera el estilo inicial lo que te llevó a triunfar, sino la pasión personal que transmitía. Así pues, si tu pasión toma otros derroteros, síguela. Lo que resuena en los demás es la confianza en tu instinto y tu emoción.

Un mismo resultado se puede considerar un gran éxito o un terrible fracaso, dependiendo de la perspectiva. La disonancia puede generar una inercia que el artista podría arrastrar a lo largo de toda su carrera profesional. Que te etiqueten de fracasado cuando tu obra ha triunfado según la mayoría de los estándares puede hacer que te cueste mucho dar vuelta a la página y empezar algo nuevo.

De ahí que sea fundamental proteger tu definición personal del éxito y abordar cada nueva obra como si no tuvieras nada que perder, cualquiera que sea el lugar que ocupas en la escala de la percepción pública.

Si podemos sintonizar con la idea
de crear cosas y compartirlas
sin depender del resultado
es más probable que la obra
se nos revele en su verdadera expresión.

Desapego conectado
(Posibilidad)

⊙

Plantéate separarte de la historia de tu vida según acontece.

El manuscrito de la novela en la que llevas años trabajando se quema en un incendio. Tu relación sentimental se rompe cuando pensabas que todo iba bien. Pierdes un empleo que te gustaba. Por complicado que parezca, intenta experimentar los acontecimientos como si los vieras en una película. Observas una escena dramática en la cual el protagonista afronta un desafío en apariencia insuperable.

Eres tú, pero no eres tú.

En lugar de sumirte en el sufrimiento del desamor, en el estrés de un despido o en el dolor de la pérdida, la reacción cuando practicas el desapego podría ser: «*No me esperaba este giro argumental. Me pregunto qué le pasará al protagonista a continuación*».

Siempre hay otra escena, y ese acto siguiente podría ser uno de gran belleza y plenitud. Los tiempos difíciles eran el contexto necesario para que se manifestaran esas nuevas posibilidades.

Las consecuencias no son la conclusión. La oscuridad no es el final, como tampoco la luz. Habitan un ciclo interdependiente que se despliega de forma constante. Tampoco son buenas ni malas. Existen sin más.

Este ejercicio (no dar nunca por hecho que una experiencia es toda la historia) te ayudará a vivir desde la posibilidad y la ecuanimidad. Cuando nos obsesionamos con los acontecimientos, estos pueden parecer catastróficos. Sin embargo, solo son una pequeña parte de una vida más grande, y cuanto más te alejas, más pequeña se torna la experiencia.

Mírala de cerca y te obsesionarás. Mírala de lejos y observarás. Puedes escoger.

Cuando llegamos a un punto muerto, podemos caer en la desesperanza. La capacidad de mantenerse al margen, alejarse y ver nuevas rutas para lidiar con un desafío o evitarlo será infinitamente útil.

Si nos dejamos guiar por este principio conforme trabajamos para interiorizarlo, nuestra imaginación se irá liberando de las historias personales y culturales que nos asolan. El arte posee la capacidad de arrancarnos de ese estado paralizante, abrir nuestra mente a lo que es posible y reconectar con la energía eterna que fluye por todas las cosas.

El arrebato

¿Alguna vez te has sentido extasiado, como si estuvieras en trance, mientras escuchabas una pieza musical? ¿O mientras leías un libro o contemplabas un cuadro?

Tal vez fue precisamente eso lo que te atrajo del trabajo creativo en un principio: el recuerdo de esa dicha sensorial, esa experiencia recurrente. Es como morder una fruta cuando está en el punto exacto de madurez.

Ahora piensa en todo lo que entraña la creación de una obra antes de ese instante de perfecto equilibrio. Los experimentos que no acaban de cuajar. Las ideas que no llevan a ninguna parte. Las decisiones difíciles que se deben tomar. Los minúsculos ajustes que suponen un gran cambio.

¿A qué prueba recurre un artista en esos momentos cruciales del proceso? ¿Cómo sabes cuándo la obra —y el trabajo que entraña— es buena? ¿Cómo intuyes que vas por buen camino? ¿Qué te dice que estás progresando?

Podría decirse que se trata de una sensación. Una voz interior. Un susurro callado que te hace reír. Una energía que invade el espacio y te posee. Llámalo alegría, asombro o euforia. Una sensación de armonía y plenitud que aparece de súbito.

Es el arrebato.

Es la brújula que apunta a nuestro norte interior. Surge de manera muy real en el proceso de creación. Estás trabajando, pasando dificultades, y de repente notas un cambio. Una revelación. Haces un pequeño ajuste, descubres un nuevo ángulo y el resultado te deja sin aliento.

Puede proceder del detalle más prosaico. Una palabra distinta en una frase. Al instante, cambia de palabrería a pura poesía y todo encaja.

Todo artista sufre durante el proceso de creación, cuando en cierta etapa la obra no parece nada del otro mundo. Pero de repente se produce un cambio o algo se revela y la misma pieza se torna extraordinaria.

Hacía falta muy poco para dar el salto de la mediocridad a la grandeza. No siempre entenderemos esa transformación, pero cuando suceda será clara y nos sentiremos llenos de vida.

Puede ocurrir en cualquier punto del proceso. Tal vez pases un tiempo instalado en una zona neutral, pero tocas una nueva nota y de súbito te sientes magnetizado. Estás hipnotizado. Te quedas paralizado y notas una descarga de energía, como una plegaria atendida.

Esa sensación es la marca que te indica que vas por buen camino. Como un empujoncito. La señal de que te diriges a una obra espléndida, de que hay una verdad más profunda en lo que estás haciendo. De que conecta con algo que vale la pena.

La epifanía es el corazón de la creatividad. La notamos en todo el cuerpo. Llama nuestra atención y nos acelera el pulso o nos arranca una carcajada de sorpresa. Nos permite advertir un ideal más elevado, abre en nosotros nuevas posibilidades que no sabíamos que estaban ahí. Es tan estimulante que, por ella, las facetas más laboriosas y menos interesantes del trabajo vale la pena.

Excavamos buscando esas revelaciones: los momentos en que los puntos se conectan. Nos deleitamos en la satisfacción de ver cómo la forma se esclarece.

⊙

El arrebato es de naturaleza animal. Se trata de una reacción visceral, centrada en el cuerpo, no cerebral. No hace falta que tenga lógica. No requiere comprensión. Está ahí para guiarnos.

Tal vez el intelecto nos ayude a completar el trabajo y podría desentrañar en retrospectiva lo que motivó la fruición, pero el proceso artístico se basa en dejar el pensamiento racional al margen. En parte, la belleza de la creación es su capacidad de sorprendernos y de convertir la obra en algo más grande de lo que somos capaces de explicar en ese momento si es que alguna vez podemos.

Las ideas latentes y las emociones ocultas en las capas más profundas de la psique pueden abrirse paso hasta nuestras letras, escenas y lienzos. Muchos artistas caen en la cuenta tiempo después de lanzar su obra de que se trataba en realidad de una especie de confesión pública, críptica y delicada hasta extremos impactantes.

La profundidad de nuestra obra no importa necesariamente. Sin embargo, cuando atendemos a nuestras reacciones corporales instintivas, con frecuencia llegamos a lugares de una hondura que no habríamos alcanzado de otra manera.

El arrebato se puede experimentar de formas distintas. En ocasiones es una especie de emoción relajada, como sucede cuando nos formulan una pregunta cuya respuesta no conocíamos *a priori* y sin embargo respondemos a la perfección desde un saber más profundo. Un aumento de energía en el cuerpo puede suscitar una seguridad tranquila y revitalizante.

Otras veces es un instante de perplejidad, y nos embargan emociones tan poderosas que cuesta creerlas. Sacuden nuestra realidad y nos quedamos pasmados. Sería como darse cuenta de que vas manejando en sentido contrario.

Y hay también una tercera posibilidad, por la cual abandonamos la realidad con suavidad, sin percatarnos. Por ejemplo en ocasiones, mientras escuchamos una canción, cerramos los ojos y nos sentimos transportados a otra parte. Cuando termina, estamos casi perplejos de haber regresado al cuerpo. Como si despertáramos de un sueño espontáneo.

Conecta con esas sensaciones en el transcurso de tu trabajo creativo. Permanece atento a las reacciones corporales. De todas las experiencias que uno vive durante el proceso de la creación, experimentar el arrebato y dejar que guíe tu mano son las más trascendentes y valiosas.

Punto de referencia

⊙

De vez en cuando escuchamos el nuevo trabajo de un artista al que llevamos siguiendo un tiempo y descubrimos que se adentró en un territorio nuevo y extraño.

Al principio resulta raro. No estamos familiarizados con el sonido. No tenemos contexto. No sabemos si nos gusta o no. Quizá incluso nos provoque rechazo.

Sin embargo, no podemos dejar de escucharlo. Un nuevo patrón empieza a formarse en el cerebro. Lo que antes nos parecía extraño se torna más familiar. Comenzamos a apreciar sus conexiones con la obra anterior. Poco a poco va encajando en la mente, más allá de si nos gusta o no.

Y un día descubrimos que no podemos vivir sin esa música.

Cuando un creador que nos encanta rompe nuestras expectativas o un nuevo artista desafía a sus antecesores, es fácil sumirse en el desconcierto. Al principio la obra nos puede parecer insatisfactoria o sin interés. Una vez que superamos la dificultad de adaptarnos a la nueva paleta, puede acabar siendo nuestra obra favorita. Por el contrario, los trabajos que nos gustan de inmediato quizá no conserven su poder de seducción.

Nos puede suceder lo mismo en el proceso de creación.

Si estás buscando soluciones a un problema o un nuevo proyecto en el que trabajar, tal vez experimentes una reacción muy negativa hacia una opción que te surge. Podría deberse a que la idea es tan nueva que careces de contexto en el cual ubicarla. Cuando no tenemos contexto, las nociones novedosas suenan extrañas o complicadas.

A veces las ideas que menos encajan en nuestras expectativas son las más innovadoras. Las propuestas revolucionarias, por definición, carecen de contexto. Se inventan a sí mismas.

Cuando experimentamos algo radicalmente nuevo, nuestro instinto inicial puede ser rechazarlo y pensar: «Esto no es para mí». Y en ocasiones no lo será. Otras, en cambio, podría conducir a nuestra obra más importante y perdurable.

Pon atención a las reacciones intensas. Si una experiencia nos provoca rechazo de inmediato, vale la pena analizar el motivo. Las reacciones poderosas a menudo señalan capas más profundas de significado. Y quizá explorarlas nos conduzca a la próxima parada de nuestro camino creativo.

Espíritu no competitivo

El arte gira en torno al creador.

La intención: ser la expresión de su esencia.

Por tanto, competir no tiene sentido. Cada artista juega en su propio terreno. Uno crea la obra que mejor lo representa. Otro artista creará la obra que mejor lo represente a él. No se pueden comparar mutuamente. El arte guarda relación con el artista que lo crea y con la aportación única que este hace a la cultura.

Algunos podrían argüir que la competencia potencia la grandeza. El desafío de superar lo que otros han conseguido podría actuar como incentivo para que rebasemos nuestros límites creativos. En la mayoría de los casos, sin embargo, esa energía competitiva vibra en frecuencias más bajas.

El deseo de superar a otro artista o de crear una obra mejor que la suya rara vez genera grandeza. Tampoco es una mentalidad que beneficie al conjunto de nuestra vida. Como señaló Theodore Roosevelt, la comparación es el ladrón de la alegría. Además, ¿qué sentido tiene crear con el propósito de rebajar a otra persona?

No obstante, cuando una obra valiosa nos inspira para ser artísticamente más ambiciosos, la energía es distinta. Ver el listón elevado en nuestro terreno nos puede animar a aspirar a más. Esta energía de superarse para alcanzar otros parámetros es muy distinta de la que busca desbancar a los demás.

Cuando Brian Wilson escuchó por primera vez el álbum *Rubber Soul* de los Beatles, pensó que le estallaba el cerebro. «Si alguna vez hago algo en mi vida, quiero que sea un álbum tan bueno como ese —pensó en aquel momento. Y siguió explicando—: Oírlo me hizo tan feliz que empecé a componer *God Only Knows*».

Que la obra de otro artista te haga feliz y encima te inspire a ponerte a su altura no es competitividad, es colaboración.

Cuando Paul McCartney escuchó el álbum de los Beach Boys que surgió de aquello, *Pet Sounds*, también le estalló el cerebro y proclamó que «God Only Knows» era, en su opinión, la mejor canción que se había compuesto jamás. Alentados por la experiencia, los Beatles escucharon una y otra vez *Pet Sounds* mientras creaban otra obra de arte, *Sgt. Pepper's Lonely Hearts Club Band*. «Sin *Pet Sounds*, *Sgt. Pepper* nunca habría existido —dijo George Martin, el productor de los Beatles—. *Sgt. Pepper* fue un intento de igualar *Pet Sounds*».

Aquel toma y daca creativo no vino inspirado por competitividad comercial, sino por el cariño mutuo. Y todos nos hemos beneficiado de esa espiral ascendente hacia el esplendor.

No existe ningún baremo capaz de indicar qué obra refleja mejor a su creador. El verdadero arte es una invitación, una llamada a todos los creadores a aspirar a cotas todavía más altas, a niveles más profundos.

⊙

Existe otro tipo de competitividad que nos puede reportar infinitos beneficios; una rivalidad que se puede desplegar a lo largo de toda la vida del artista. Se trata de la competencia con uno mismo.

Imagina la autorrivalidad como un deseo de evolución. El objetivo no es superar nuestras obras anteriores, sino avanzar y lograr una sensación de progreso. Crecimiento más que superioridad.

Nuestras capacidades y gustos pueden evolucionar, lo cual genera distintas obras con el paso del tiempo, pero ninguna se puede considerar superior o inferior a las demás. Son diferentes instantáneas de la persona que somos hoy y de la que éramos ayer. Todas son nuestras mejores creaciones en el momento en que son creadas.

Con cada nuevo proyecto, nos desafiamos a reflejar del modo más bello posible lo que habita en nosotros en esa ventana de tiempo en particular.

Desde este espíritu de autocompetencia, proponte llegar más lejos y presiónate hacia lo inesperado. No te detengas siquiera cuando alcances la grandeza. Aventúrate más allá.

Esencia

Todo el trabajo que hacemos, por complejo que sea, se sustenta en una esencia. Se trata de una identidad central o una estructura fundamental, como el esqueleto que sostiene la carne, la propiedad de la misma existencia.

Si un niño dibuja una casa, seguramente le pondrá una ventana, un techo y una puerta. Si suprimes la ventana y observas el dibujo, sigue siendo una casa. Si borras la puerta, todavía es una casa. En cambio, si eliminas el techo y las paredes exteriores, pero dejas la ventana y la puerta, ya no está tan claro que lo sea.

Del mismo modo, cada obra de arte posee un rasgo único que le otorga la fuerza vital y que la hace ser lo que es. Ese rasgo podría ser el tema, la estructura, el punto de vista del artista, la calidad de la ejecución, los materiales, el estado de ánimo que transmite o una combinación de elementos. Cualquiera de estos factores puede tener un papel en la esencia.

Si un escultor talla una obra en piedra o la moldea en barro, la vivencia de esta será muy distinta. Sin embargo, una obra en piedra y otra en barro pueden compartir la misma esencia.

La esencia siempre está ahí, y es tarea nuestra no enturbiarla en la fase de construcción. La esencia de una obra podría cambiar asimismo desde el inicio del proyecto hasta el término. Conforme vas depurando el trabajo, añadiendo elementos y haciendo cambios, podría emerger una nueva esencia.

Puede suceder que no sepas cuál es la esencia mientras estás inmerso en el trabajo. Te limitas a experimentar y a jugar. Cuando por fin obtienes algo que te gusta, es muy posible que identifiques su esencia.

Destilar una obra para acercarte todo lo posible a la propiedad de su existencia es un ejercicio útil e instructivo. Experimenta para ver cuántas partes puedes extraer antes de que la obra que estás creando deje de ser lo que era.

Depúrala hasta que se quede al desnudo, en su mínima expresión pero todavía intacta. Sin ningún elemento añadido. En ocasiones la decoración es útil, pero a menudo no. Por lo general, menos es más.

Si quieres armar dos unidades, ya sean dos frases o dos partes de una canción, hacerlo sin recurrir a una transición les otorgará mucha más fuerza. Procura buscar la manera más sencilla y elegante de expresar lo que quieres, con la mínima cantidad de información.

Cuando no tengas claro si un elemento mejora la obra, suele ser buena idea prescindir de él. Algunos artistas se resisten a suprimir partes de una pieza hasta extremos supersticiosos, como si temieran que el proyecto pudiera evaporarse ante sus ojos. En esos casos, vale la pena recordar que todo aquello que eliminamos se puede volver a añadir, de ser necesario.

> La perfección no se alcanza cuando no hay nada más que añadir, sino cuando no hay nada más que suprimir.
>
> Antoine de Saint-Exupéry,
> *Tierra de hombres*

Al final,
la suma total de las esencias
de nuestras obras individuales
será como un reflejo en el espejo.
Cuanto más nos aproximemos
a la verdadera esencia de cada obra,
antes nos proporcionarán estas, de algún modo,
en algún momento,
pistas de la nuestra.

Apócrifos

⊙

Todos los artistas tenemos héroes.

Creadores con cuya obra conectamos, a cuyos métodos aspiramos, cuyas palabras nos acompañan. Estas personas de talento excepcional nos parecen sobrehumanas, una especie de figuras mitológicas.

Desde la distancia, ¿de qué podemos estar seguros?

Sin presenciar la creación de una obra que nos encanta, es imposible saber cómo fue en realidad. Y si observáramos el proceso con nuestros propios ojos, nuestro relato sería una interpretación externa, en el mejor de los casos.

Los relatos acerca de cómo se llevan a cabo las obras y de los rituales que ejecutan los artistas que las crean suelen ser exagerados y a menudo son pura ficción.

Las obras de arte aparecen espontáneamente, por sí solas. Puede que nos preguntemos de dónde surgió la idea y cómo el artista articuló los distintos elementos para crear una obra de arte tan magnífica. Pero nadie sabe cómo ni por qué suceden esas cosas. Con frecuencia, ni siquiera el artífice.

En los casos en los que el artista cree saberlo, su interpretación podría ser inexacta o incompleta.

Vivimos en un mundo misterioso lleno de incertidumbres. Y damos cosas por sentadas de manera habitual para explicarlas. Interpretar la complejidad de la experiencia humana nos permite salir de nuestro estado natural de confusión. Sobrevivir.

Por lo general, nuestras explicaciones son suposiciones. Esas hipótesis dudosas se graban en la mente como si fueran hechos. Somos máquinas de interpretar, y este proceso de etiquetar y clasificar es eficiente pero inexacto. Somos narradores no fiables de nuestra propia experiencia.

Así pues, cuando un artista crea una obra que se materializa a través de una mano invisible y el proceso se analiza más tarde, el resultado es otro relato. Así se crea la historia del arte. El arte es un proceso ignoto.

Los relatos pueden ser interesantes y divertidos como ejercicio mental. Pero creer que un método específico es responsable de la calidad de un trabajo es un engaño. En particular si nos induce a repetir el proceso con la esperanza de obtener un resultado parecido.

Las figuras legendarias del arte y la historia se presentan en ocasiones como deidades. Es contraproducente compararnos con ellas porque nunca han existido tal como las concebimos. Son seres con defectos y aspectos vulnerables, igual que nosotros.

Cada artista trabaja con su propio equilibrio de puntos débiles y puntos fuertes. Y ninguna regla dice que más virtudes encomiables o autodestrucción idealizada garanticen mejores expresiones artísticas. Lo único que importa es expresarse.

Todo arte es una forma de poesía. Siempre cambia, nunca permanece inmóvil. Tal vez creamos saber lo que significa una obra y, sin embargo, esa interpretación puede variar con el tiempo. El creador deja de serlo una vez que termina el trabajo. A partir de ese momento, se convierte en espectador. Y el espectador aporta tanto sentido a una pieza como el creador.

Nunca podremos conocer su verdadero significado. Quizá nos ayude recordar que hay fuerzas en juego que superan nuestra comprensión. Hagamos arte y dejemos que los demás inventen los relatos.

Operamos en un reino mágico.
Nadie sabe cómo funciona ni por qué.

Desconectar
(De las voces que nos debilitan)

⊙

Podemos tardar años, incluso décadas, en crear nuestro primer proyecto. Por lo general se desarrolla en el vacío, en circunstancias normales, en una conversación que mantenemos ante todo con nosotros mismos.

Después de compartirlo, pueden surgir influencias externas. Hace aparición un público, ya sea que esté formado por amigos o por grandes grupos de desconocidos. Individuos y empresas con intereses comerciales nos ofrecen contratos. Y cuando empezamos a trabajar en el proyecto siguiente, es posible que varias voces externas nos hablen alto y claro desde los márgenes para empujarnos en distintas direcciones creativas. Para exigir el trabajo de inmediato, sin preocuparse por la calidad.

Cuando esas voces entran en la mente del artista —preocupaciones sobre plazos, acuerdos, ventas, atención mediática, imagen pública, equipo, gastos, crecimiento del público, mantener la base de seguidores existente—, pueden afectar a nuestra concentración. La intención del arte puede mudar de la autoexpresión a la subsistencia. De elecciones creativas a decisiones comerciales.

La clave para recorrer esta fase del viaje artístico es aprender a desconectar. Evitar que las presiones externas penetren en el proceso interno e interfieran en el estado de pura creación.

Ayuda evocar la claridad mental que caracterizó la primera obra y permitió el éxito original.

Haz a un lado no solo las preocupaciones comerciales, sino también las necesidades y los pensamientos de esas voces externas. Exclúyelas de tu consciencia mientras tratas de llevar a cabo el mejor trabajo posible.

Cuando eres capaz de concentrarte únicamente en la creatividad y trabajar en un espacio sagrado, todo el mundo se beneficia. Y el resto de las prioridades son atendidas.

⊙

En cualquier etapa de una carrera profesional, el crítico interno se hace oír. Repite que no posees talento suficiente. Que la idea no es lo bastante buena. Que no vale la pena invertir tiempo en ella. Que la recepción dejará mucho que desear. Que eres un fraude.

Otra voz, en el sentido opuesto, podría decirte que todo lo que haces es perfecto y te vas a convertir en la mayor estrella que ha pisado la Tierra.

Con frecuencia esas voces externas se adquieren en las primeras etapas de la vida. Quizá procedan de un progenitor, profesor o mentor particularmente crítico o cariñoso. Esas voces no son nuestras. Interiorizamos las palabras de otras personas. Y podemos tratarlas con la misma indiferencia que al otro parloteo insustancial.

Es buena idea considerar cualquier presión que percibas relativa al trabajo —procedente del interior o del exterior— como un aviso para que pongas en práctica la introspección. El objetivo del artista es conservar su pureza e independencia. Evitar que el estrés, la responsabilidad, el miedo o la dependencia de ciertos resultados lo distraigan. Y si lo hacen, nunca es tarde para reiniciar.

El primer paso para una desintoxicación es reconocer que las voces están ahí. Asumir que estás sintiendo el peso de la autocrítica o la presión de estar a la altura de las expectativas. Y recuerda que el éxito comercial escapa por completo a tu control. Lo único que importa es saber que estás haciendo algo que te encanta, lo mejor que te permiten tus capacidades, aquí y ahora.

El trabajo para liberarse de esas voces internas es una especie de meditación. Haz a un lado tus preocupaciones durante un periodo de tiempo y di: «Voy a concentrarme únicamente en hacer un trabajo excepcional».

Si te surge alguna distracción durante ese rato, no intentes ahuyentarla ni te concentres en ella. No le otorgues ninguna energía en absoluto. Deja que pase, como nubes que flotan sobre una montaña.

Practicar este ejercicio con regularidad fortalece la intención enfocada, que podrás usar en todo lo que hagas. Antes o después, desconectar de las voces que te debilitan y dejarte absorber por el trabajo no te requerirá un esfuerzo de voluntad, sino que será una destreza adquirida.

Autoconsciencia

Pocos aprendimos, cuando éramos niños, a entender y priorizar nuestros sentimientos. Por lo general, el sistema educativo no nos pide que conectemos con nuestra sensibilidad, sino que seamos obedientes. Que hagamos lo que se espera de nosotros. Se domestica nuestro espíritu independiente por naturaleza. El pensamiento libre se coarta. Se nos imponen una serie de reglas y expectativas que no incluyen explorar quiénes somos y de lo que somos capaces.

El sistema no busca beneficiarnos. Nos reprime como individuos para poder seguir existiendo. Eso es particularmente perjudicial para el pensamiento independiente y la libre expresión. Como artistas, nuestra misión no es encajar ni adaptarnos a la mentalidad imperante. Nuestro objetivo es valorarnos y entendernos a nosotros y al mundo que nos rodea.

La autoconsciencia es la capacidad de sintonizar con lo que pensamos, con nuestros sentimientos y con la intensidad de estos sin interferencias; reparar en cómo percibimos el mundo exterior.

Una buena capacidad de ampliar y refinar la autoconsciencia es la clave para crear obras relevantes. En ocasiones hay demasiadas versiones de una obra bastante buena. ¿Cómo sabemos cuándo hemos alcanzado la grandeza?

La autoconsciencia nos permite escuchar lo que pasa en el cuerpo y reparar en los cambios energéticos que nos impulsan hacia delante o nos repelen. A veces son sutiles, otras se hacen notar con intensidad.

Nuestra definición de autoconsciencia como artistas está directamente relacionada con la capacidad de sintonizar con la experiencia interna, no con la percepción que los demás tienen de nosotros. Cuanto más nos identificamos con el yo que perciben los demás, más desconectados estamos y menos energía tenemos a nuestra disposición.

La idea es acercarnos más a una consciencia superior. Liberar el apego al yo percibido y sus limitaciones. No buscamos definirnos, sino expandirnos, conectar con nuestra naturaleza ilimitada y con todo cuanto existe.

La autoconsciencia es una forma de trascendencia. Un abandono del ego. El gesto de soltar.

La idea te puede resultar imprecisa, porque incluye, en el mismo aliento, sintonizar con el yo y renunciar a él. Sin embargo, ambas cosas no son tan contradictorias como pueda parecer. Como artistas, nos impulsa el anhelo constante de acercarnos al universo a través del acercamiento al yo. Nos aproximamos cada vez más, hasta que ya no sabemos dónde empieza uno y dónde termina el otro. Emprendemos un largo viaje metafísico desde el momento presente.

Te ayudará trabajar en el proyecto que tienes entre manos como si fuera más importante que tú mismo.

Delante de tus ojos

De vez en cuando los artistas entramos en una fase de estancamiento. Sufrimos bloqueos. No se debe a que el flujo de la creatividad haya cesado. No puede hacerlo. La energía generativa del arte es incesante. Podría deberse sencillamente a que decidimos no involucrarnos en ella.

Imagina el punto muerto artístico como otro tipo de creación. Un bloqueo que tú mismo creaste. La decisión, consciente o inconsciente, de no participar en la corriente de energía productiva que tenemos a nuestra disposición en todo momento.

Cuando no vemos la salida, un gesto de rendición puede ser suficiente para abrir una brecha. Si renunciamos al pensamiento analítico, es posible que el flujo encuentre el modo de abrirse paso hasta nosotros con más facilidad. Podemos ser y hacer, en lugar de pensar e intentar. Crear en el presente en lugar de anticiparnos al futuro.

Cada vez que nos rendimos, podríamos descubrir que lo que buscábamos estuvo siempre delante de nuestros ojos. Surge una nueva idea. Un objeto de la habitación nos inspira. Las sensaciones corporales se intensifican.

Vale la pena tomarlo en cuenta en momentos complicados, cuando creemos estar atorados, cuando perdimos el rumbo y pensamos que no nos queda nada que ofrecer.

¿Y si eso solo fuera un relato mental?

Procura no abandonar un proyecto demasiado pronto por caer en el pensamiento dicotómico. He visto a muchos artistas empezar proyectos y descartarlos por esa misma razón. Es fácil crear una pieza, identificar un defecto y querer desechar todo el trabajo. Esa reacción aparece en todos los ámbitos de la vida.

Cuando estés contemplando tu obra, haz el ejercicio de observar lo que en verdad tienes delante, sin un sesgo negativo. Ábrete a contemplar tanto sus defectos como sus virtudes, en lugar de enfocarte en los defectos y permitirles que arrollen los aspectos positivos. Tal vez descubras que el 80% del trabajo es bueno y que tan solo ajustando el otro 20%, podría ser magnífico. Se trata de una actitud mucho más positiva que descartar toda la obra porque una pequeña parte no está a la altura de lo demás. Cuando identifiques un punto débil, plantéate siempre cómo podrías suprimirlo o mejorarlo antes de renunciar a toda la pieza.

¿Y si la fuente de la creatividad siempre estuviera ahí, llamando paciente a las puertas de nuestra percepción, esperando a que descorramos los cerrojos?

Si abres la mente y permaneces conectado
a lo que está sucediendo,
las soluciones se revelarán ante tus ojos.

Un susurro atemporal

Es frecuente que un artista se cuestione la relevancia de sus ideas.

Un proceso creativo de cinco años tal vez se iniciara con un instante efímero de un sueño o un comentario oído casualmente en un estacionamiento. En retrospectiva, la minúscula semilla que nos empujó a recorrer un camino sinuoso puede parecer insignificante. Quizá nos preguntemos si tiene peso suficiente o si sugiere algo lo bastante importante como para seguir viajando.

Cuando reunimos semillas de cara a iniciar una obra, podríamos sentir la tentación de buscar una señal divina antes de comprometernos con una idea en particular. Un rayo en el cielo que nos garantice que vamos por buen camino. Tal vez descartemos ideas que, en apariencia, no poseen la suficiente importancia o magnitud.

Sin embargo, el tamaño no importa. Volumen no equivale a valor.

No podemos juzgar el material de la Fuente a partir del impacto que provoca su llegada. En ocasiones la semilla más pequeña se convierte en el árbol más grande. La idea más inocente puede conducir a la composición más significativa. Un saber trivial puede abrir las puertas a nuevos y descomunales mundos. El mensaje más delicado podría tener una importancia inmensa.

Aunque la semilla no sea más que eso que nos llama la atención —una percepción momentánea, un pensamiento inesperado, incluso el eco de un recuerdo—, será suficiente.

Con frecuencia los soplos de inspiración y las sugerencias de la Fuente son ínfimas. Se manifiestan en forma de minúsculas señales que se cuelan por un vacío en el espacio, calladas y sutiles, como un susurro.

⊙

Para oír los susurros, la mente debe estar en silencio. Hay que poner extrema atención en todos los frentes. Ajustar la antena al máximo.

Para mejorar la receptividad puede ser necesario rebajar el esfuerzo. Si tratamos de resolver un problema, el empeño puede ser un obstáculo. Saltar en un charco provocará nubes de tierra en el agua cristalina. Si relajamos la mente, generaremos una mayor claridad para escuchar el susurro cuando aparezca.

Además de la meditación, podríamos mantener la pregunta en la mente y salir a dar un paseo, nadar o manejar un rato. No analizamos la pregunta, tan solo la mantenemos laxa en la conciencia. Se la ofrecemos con delicadeza al universo y abrimos la consciencia con el fin de recibir una respuesta.

A veces las palabras parecen proceder del exterior, y otras, del interior. Sea cual sea la ruta por la que llega la información, le cedemos el paso con elegancia en lugar de esforzarnos en alcanzarla. No podemos obligar al susurro a que aparezca, solo darle la bienvenida con el espíritu abierto.

Atención a las sorpresas

Si ponemos atención, tal vez notemos que algunas de nuestras decisiones artísticas más interesantes aparecen de manera inadvertida. Asoman en momentos de comunión con el trabajo, cuando el yo desaparece. A veces pueden parecer errores.

Esos errores no son sino el inconsciente comprometido en la resolución de problemas. Se podrían comparar a los lapsus freudianos, por los cuales una parte más profunda de la mente se antepone a la intención consciente y ofrece una solución elegante. Si nos preguntaran cómo sucedió, diríamos que no lo sabemos. Sencillamente surgió en ese instante.

Con el tiempo nos acostumbramos a vivir situaciones que parecen inexplicables. Instantes en que le ofrecemos al arte justo lo que necesita, sin pretenderlo, momentos en que la solución parece surgir sin nuestra intervención.

Con el tiempo aprendemos a contar con que lo desconocido nos dará la mano.

Para algunos artistas, la sorpresa constituye una experiencia infrecuente. Pero es posible cultivar ese don a través de la invitación.

Una manera de hacerlo sería cediendo el control. Renuncia a cualquier expectativa acerca de cómo será la obra. Aborda el proceso con humildad y lo inesperado te visitará más a menudo. A muchos se nos enseña a crear por pura fuerza de voluntad. Si en vez de eso nos rendimos, las ideas que intentan abrirse paso hasta nosotros no sufrirán bloqueos.

Imagina que hubieras decidido escribir un libro ciñéndote a un guion detallado. Olvídate del esquema y escribe sin mapa a ver qué pasa. La premisa inicial podría evolucionar a otra cosa. Algo que no tenías previsto y que jamás habría surgido si te hubieras limitado a seguir el boceto.

Con la intención clara y un destino desconocido, eres libre de entregar la mente consciente, sumergirte en el flujo arrollador de la energía creativa y contemplar la aparición de lo inesperado, una y otra vez.

Conforme cada pequeña sorpresa vaya conduciendo a otra, pronto descubrirás la mayor de todas: aprendiste a confiar en ti mismo, en el universo, con el universo, como canal único de una sabiduría superior.

Esa inteligencia supera nuestra comprensión. A través de la gracia, todos podemos acceder a ella.

Vivir en un estado de descubrimiento es, en todo momento,
preferible a vivir aferrados a ideas que damos por hechas.

Grandes esperanzas

⊙

Cuando iniciamos un nuevo proyecto, a menudo aparece la ansiedad. Nos sucede a todos, por más experiencia, éxito y preparación que hayamos acumulado.

Enfrentados al vacío, se genera una tensión entre opuestos. Experimentamos la emoción ante la posibilidad de crear algo grande y el miedo a no conseguirlo. Y el resultado no depende de nosotros.

El peso de las expectativas puede ser difícil de sobrellevar, así como el miedo a no estar a la altura de la tarea que tenemos entre manos. ¿Y si esta vez no lo logramos?

La clave para mantener a raya esas preocupaciones y seguir avanzando es la confianza en el proceso.

Cuando te pongas a trabajar, recuerda que el resultado escapa a tu control. Si estás dispuesto a internarte paso a paso en lo desconocido con arrojo y decisión, llevando contigo todo el conocimiento acumulado, acabarás llegando allá adonde vas. Puede que el destino no sea el que habías escogido de antemano. Es probable que vayas a parar a otro más interesante.

No es cuestión de creer ciegamente en uno mismo. Se trata más bien de una fe experimental.

No trabajas como un predicador a la espera de un milagro, sino como un científico que hace una prueba, corrige y prueba de nuevo; que experimenta y sigue trabajando en función de los resultados. La fe encuentra su recompensa, quizá más que el talento o la destreza.

Al fin y al cabo, ¿cómo podríamos ofrecerle a nuestra obra lo que necesita sin una confianza ciega? Hace falta creer en algo que no existe para dejar que se plasme.

⊙

Cuando todavía no sabemos adónde vamos, no nos sentamos a esperar.

Avanzamos en la oscuridad. Si nada de lo que probamos da resultado, nos apoyamos en la fe y la voluntad. Es posible que retrocedamos varios pasos en la misma secuencia que nos hace progresar.

Si llevamos a cabo diez experimentos y ninguno funciona, tenemos dos alternativas. Lo podemos considerar algo personal, interpretarlo como un fracaso y dudar de nuestra capacidad para resolver el problema, o podemos reconocer que, tras descartar diez vías que no funcionan, estamos más cerca de la respuesta. Para el artista, cuyo trabajo es probar posibilidades, el éxito consiste tanto en descartar soluciones como en encontrar una adecuada.

Durante el proceso de experimentación, tenemos que concedernos permiso para cometer errores, excedernos y seguir adelante, ser torpes. No hay fracaso, pues cada paso que damos es necesario para llegar a nuestro destino y eso incluye los traspiés. Todo experimento es valioso a su manera si aprendemos algo de él. Aunque no entendamos su utilidad, estamos practicando nuestra destreza, adquiriendo mayor dominio del oficio.

Con fe inquebrantable, trabajamos bajo la presunción de que el problema ya está resuelto. La solución está ahí afuera y es posible que sea obvia, solo que aún no hemos dado con ella.

Con el tiempo, conforme vas finalizando más proyectos, crece tu fe en la experimentación. Tus expectativas aumentan, eres capaz de avanzar con paciencia y de confiar en el misterio que se despliega ante ti sabiendo que el proceso te llevará adonde debes ir. Dondequiera que sea. Y la naturaleza mágica de ese despliegue siempre te deja sin aliento.

En ocasiones una obra es magnífica
a causa de los errores.
La humanidad alienta en los errores.

Apertura

⊙

Nuestras mentes buscan reglas y límites. Conforme intentamos operar en un mundo vasto e incierto, desarrollamos convicciones que nos proporcionan un marco coherente, opciones más limitadas y una falsa sensación de seguridad.

Antes de la civilización, el mundo natural era mucho más peligroso. Para poder sobrevivir, los seres humanos teníamos que evaluar las situaciones y analizar la información con rapidez.

Este instinto de supervivencia persiste en la actualidad. Ante la abrumadora cantidad de información que tenemos al alcance, dependemos más que nunca de las categorías, las etiquetas y los atajos. Pocos poseen el tiempo y la pericia necesarios para evaluar cada nueva opción con una mentalidad abierta, sin prejuicios. Además de eso, reducir nuestro mundo con el fin de que sea más manejable nos aporta cierta sensación de seguridad.

El artista no valora la seguridad ni quiere reducir el mundo. Limitar la paleta para que encaje en el perímetro de unas cuantas convicciones ahoga el trabajo. Nuevas posibilidades creativas y fuentes de inspiración quedan ocultas a la vista. Si un artista toca repetidamente la misma nota, al final el público pierde interés.

Hay monotonía en la invariabilidad. En cierta etapa del viaje que hace el creador, la mente puede desarrollar resistencia a los nuevos métodos o a las formas de expresión inéditas. Un modo de trabajar que fue útil en el pasado podría mudar, con el tiempo, en una rutina inamovible. Para salir de esta postura mental, nos toca suavizarnos, tornarnos más porosos y dejar que entre más luz.

Para que tu producción artística evolucione constantemente, no pares de rellenar la vasija de la que surge. Y amplía tus horizontes de manera activa.

Contempla creencias distintas de las que albergas e intenta ver más allá de tu filtro. Experimenta deliberadamente en el otro lado de los límites que marcan tus preferencias. Examina enfoques que podrías rechazar *a priori* por considerarlos demasiado intelectuales o populares. ¿Qué puedes aprender de esos extremos? ¿Qué sorpresas te deparan? ¿Qué puertas cerradas podrían abrir en tu obra?

Plantéate llevar este ejercicio a las relaciones. Cuando la respuesta o el método de un colaborador te parezcan cuestionables y entren en conflicto con tu postura mental predeterminada, considéralo una oportunidad emocionante. Haz lo posible por adoptar su perspectiva, por entender su punto de vista en lugar de defender el tuyo. Además de resolver el problema al que te enfrentes en ese momento, podrías descubrir algo nuevo sobre ti mismo y tomar consciencia de los límites en los que te encierras.

La clave de una mentalidad abierta es la curiosidad. La curiosidad no toma partido ni insiste en una manera única de hacer las cosas. Explora todas las perspectivas, siempre abierta a nuevos métodos, siempre a la caza de intuiciones originales. Ansiosa de expansión constante, se asoma con asombro más allá de las demarcaciones de la mente. Te empuja para dejar al descubierto falsas lindes y cruzar nuevas fronteras.

⊙

Un problema artístico no tiene por qué ser un problema. Si lo vivimos como tal suele ser porque choca con nuestras creencias de lo que es y no es posible. O con nuestras expectativas de lo que tendría que suceder.

Una canción empieza a desviarse del género esperado. A un pintor se le agota cierto tipo de pintura. Un director de cine experimenta dificultades con una pieza del equipo en el set de grabación.

Cuando algo no sale según lo planeado, tenemos la opción de oponer resistencia o de incorporarlo.

En lugar de cancelar el proyecto o expresar frustración, podríamos plantearnos qué hacer con los materiales de que disponemos. ¿Qué soluciones podemos improvisar? ¿Cómo podemos hacer que fluya?

Tal vez el problema esté ahí para beneficiarnos. El universo podría estar guiándonos hacia una solución mejor.

No tenemos forma de saberlo.

Y no podemos hacer nada más que fluir con los desafíos conforme se presentan y conservar una mentalidad abierta, sin cargas ni relatos previos. Sencillamente empezamos desde un lugar neutro, dejamos que el proceso se despliegue y aceptamos que los vientos del cambio nos marquen el camino.

Muchas personas parecen amuralladas.
Pero a veces los muros proporcionan
distintas maneras de mirar
por encima de los obstáculos y en torno a estos.

Alrededor del rayo

Una explosión de información nos sorprende en los momentos de inspiración. ¿Cómo evitar obsesionarnos con esos súbitos resplandores? Algunos artistas viven como cazadores de tormentas que esperan el rayo y se encuentran a la espera de la emoción.

Una estrategia más constructiva es centrarse menos en esos fulgores súbitos y más en los espacios de alrededor; el espacio previo, porque el rayo no cae a menos que se den las condiciones idóneas, y el espacio posterior, porque la electricidad se disipa si no la capturas y la empleas. Cuando experimentamos una epifanía, nuestra experiencia de lo que es posible se agranda. En ese instante estamos completamente abiertos. Hemos penetrado en una nueva realidad. Incluso cuando salimos de ese estado elevado, la experiencia en ocasiones sigue con nosotros. Otras veces es fugaz.

Si el rayo de la inspiración nos alcanza y el éter canaliza información, lo que viene a continuación es un montón de trabajo práctico. Aunque no podemos evocar el rayo por fuerza de voluntad, sí podemos controlar el espacio que lo rodea. Lo haremos preparándonos de antemano y rindiéndole tributo con posterioridad.

En caso de que el rayo no nos alcance, no podemos postergar el trabajo. Algunos cazadores de tormentas piensan que la inspiración precede a la creación. No siempre es el caso. Trabajar sin ese fulgor súbito es sencillamente trabajar. Como los carpinteros, acudimos al taller a diario y hacemos nuestra tarea. Los escultores amasan arcilla, barren el suelo del estudio y cierran la puerta hasta el día siguiente. Los diseñadores gráficos se sientan en sus puestos de trabajo, eligen imágenes, escogen fuentes, crean bocetos y pulsan «guardar».

Los artistas somos básicamente artesanos. En ocasiones las ideas aparecen en momentos de iluminación. Otras veces solo mediante el esfuerzo, la experimentación y el oficio. Mientras trabajamos, puede que advirtamos conexiones y nos sorprendamos ante las maravillas que se revelan por el mero hecho de poner manos a la obra. En cierto sentido, estos pequeños momentos eureka son también rayos de inspiración. Aunque menos intensos, iluminan nuestro camino de igual forma.

⊙

Un rayo puede ser un fenómeno temporal, una expresión momentánea del potencial cósmico. No toda idea inspirada está destinada a convertirse en una gran obra de arte. A veces el rayo cae y no tenemos manera de emplearlo. Un instante de inspiración podría impulsarnos a emprender una larga exploración en busca de una aplicación práctica y desembocar en un callejón sin salida.

El único modo de averiguarlo es involucrarnos en el trabajo con todo nuestro ser. Sin compromiso, la inspiración rara vez genera un trabajo de importancia. En algunos proyectos, la inspiración puede ser mínima y el trabajo se impone. En otros, la inspiración llega y el esfuerzo necesario para manifestar su potencial supera nuestra capacidad.

Las verdaderas obras de arte no siempre requieren un gran esfuerzo, pero sin este nunca sabrás lo que podría haber sido. Si el rayo cae, lo cabalgamos hasta que la energía se agote.

Puede que el viaje no dure mucho. Pero igualmente agradecemos la oportunidad. Si la inspiración no aparece para guiarnos, nosotros acudimos a la cita de todas formas.

Haz lo que puedas
con lo que tienes.
No necesitas nada más.

24/7
(Estar pendiente)

⊙

El trabajo de un artista no tiene horario.

En el caso de otros oficios, cuando nos vamos a casa dejamos el trabajo en la oficina. El artista siempre está en servicio. Aun cuando nos levantamos tras varias horas de trabajo, el reloj sigue corriendo.

Se debe a que la ocupación del artista discurre en dos frentes:

El trabajo de hacer.

El trabajo de ser.

La creatividad no es una mera ocupación, sino una parte de tu ser. Es un modo de estar en el mundo, cada minuto, cada día. Si no te atrae un grado de dedicación tan excesivo, puede que este no sea tu camino. Buena parte del trabajo de un artista se basa en el equilibrio; es paradójico que esta forma de vida apenas le dé cabida.

Una vez que accedes a las exigencias de la vida creativa, se convierte en parte de ti. Incluso en mitad de un proyecto sigues buscando nuevas ideas a diario. En cualquier momento estás dispuesto a dejar lo que estás haciendo para anotar algo, dibujar un boceto o plasmar un pensamiento fugaz. Se convierte en un acto reflejo. Y siempre estás pendiente, cada hora del día.

Estar pendiente significa el compromiso de permanecer abierto a lo que hay alrededor. Poner atención y escuchar. Percibir conexiones y relaciones en el mundo exterior. Buscar belleza. Atrapar historias. Notar lo que despierta tu interés, lo que llama tu atención. Y saber que todo ello está a tu disposición para que lo emplees la próxima vez que te sientes a trabajar, allí donde la materia prima cobra forma.

No hay manera de saber de dónde procederá la siguiente gran historia, pintura, receta o idea de negocio. Igual que un surfista no puede controlar las olas, los artistas se encuentran a merced de los ritmos creativos de la naturaleza. Por eso es tan importante permanecer atento y presente en todo momento, observando y esperando.

Quizá la mejor idea
sea la que se te va a ocurrir
esta noche.

Espontaneidad
(Momentos especiales)

⊙

La canción que acude a la mente de principio a fin.
Las impulsivas sinuosidades de un Jackson Pollock.
La danza espontánea que inunda la pista de baile.

Los artistas tienden a conceder gran valor a las obras espontáneas, pensando que los trabajos directamente canalizados poseen una cualidad más pura o especial que los planificados minuciosamente.

Pero ¿serías capaz de señalar la diferencia entre una obra de arte que haya surgido sin más en la mente del artista y otra planificada de antemano? ¿Y acaso importa esa diferencia?

El arte creado de manera casual no posee mayor o menor peso que otro generado con sudor y lágrimas.

Que requiera meses o minutos de trabajo carece de importancia. La calidad no depende de la cantidad de tiempo invertido. Siempre y cuando el resultado sea gratificante, la obra habrá cumplido su objetivo.

El relato de la espontaneidad puede inducir a engaño. No vemos la gran cantidad de oficio y preparación que hace falta para que un artista protagonice el acontecimiento espontáneo. Toda obra alberga una vida entera de experiencia.

Los grandes artistas a menudo se esfuerzan por que su trabajo parezca sencillo. En ocasiones pueden pasar años elaborando y depurando una obra con el fin de proyectar la sensación de que fue realizada en un día o un instante.

Otros idealizan la planificación y la preparación. Para estos, una obra espontánea no tiene tanto mérito. La consideran más fruto de la buena suerte que una consecuencia del talento.

Plantéate una posición neutral. Haz el trabajo sin más, a ver qué pasa. Si te gusta el resultado, acéptalo con elegancia, tanto si surge a consecuencia de una súbita iluminación como si requiere largos periodos de laborioso trabajo calificado.

A algunos artistas, el trabajo les sale con facilidad. Bob Dylan componía una canción en minutos, mientras que Leonard Cohen en ocasiones tardaba años. Y a nosotros nos encantan sus temas por igual.

No existen pautas ni lógica en ese proceso tan enigmático. Ni todos los proyectos son iguales ni hay dos personas idénticas. El proyecto es la guía que nos marca el camino. Y cada uno lo recorre con sus propias condiciones y requisitos.

⊙

Si eres un artista cuyo proceso se apoya ante todo en el intelecto, te beneficiaría recurrir a la espontaneidad como herramienta, ventana para el descubrimiento y vía de acceso a nuevos aspectos de tu ser.

El apego a un proceso creativo en concreto puede cerrar la puerta a la espontaneidad. Dejar esa puerta entreabierto podría ser ventajoso, aunque solo fuera durante un breve periodo de tiempo. Podemos hacer el experimento de renunciar al control para ceder la entrada a la sorpresa del descubrimiento.

Si te sientas a escribir sin planificación, plantéate rodear la mente consciente y extraer material directamente del inconsciente. Tal vez descubras que el material que emerge posee una energía inalcanzable por medios racionales.

Este enfoque constituye el núcleo de algunas formas de jazz. Cuando los músicos improvisan una pieza, tener ideas preconcebidas de lo que van a tocar impediría que la ejecución alzara el vuelo. La idea es estar presente y permitir que la música básicamente se toque a sí misma, aceptando los riesgos. Las actuaciones serán buenas en las mejores noches y malas en las peores. Y quizá los músicos de jazz más brillantes sean aquellos que poseen la capacidad de crear momentos especiales con cierta regularidad. Incluso la espontaneidad mejora con la práctica.

Tal vez te preocupe perder una buena idea o pasarla por alto en la espontaneidad del momento. En mi caso, para evitarlo, tomo infinidad de notas mientras estoy trabajando con un artista. Cuando un observador externo entra en el estudio, a menudo le cuesta creer hasta qué punto se trata de un proceso aséptico. Se imagina una gran fiesta con música, cuando en realidad estamos generando notas detalladas sobre distintos enfoques y experimentos. Hay una persona dedicada a tomar apuntes de casi todo lo que se dice. Dos semanas más tarde, llegará un momento en que alguien pregunte: ¿cuál era esa letra que nos encantó? ¿Cómo era la versión anterior de tal parte? ¿Cuál fue la mejor toma del acompañamiento del segundo estribillo? Y entonces consultamos las notas.

Se genera un volumen enorme de material, y estamos tan inmersos en lo que sucede que resulta imposible recordarlo todo, ni siquiera algo ocurrido segundos atrás. Para cuando llegamos al final de la canción, pendientes como estábamos de seguir escuchando, esos pensamientos se esfumaron. Tener a un observador implicado tomando notas nos ayuda a evitar que esos instantes especiales se pierdan en el revuelo de la emoción.

En ocasiones
es en el momento más trivial
cuando se genera una obra de arte extraordinaria.

Cómo escoger

Toda obra de arte consiste en una serie de elecciones, igual que un árbol con muchas ramas.

El inicio del trabajo es una semilla de la que brota el tronco de la idea central. Conforme va creciendo, cada decisión que tomamos se convierte en una rama que lo divide en una nueva dirección y se torna cada vez más delicada a medida que vamos avanzando.

En cada bifurcación podemos tomar distintas direcciones y nuestra decisión alterará el resultado final. A menudo de manera radical.

¿Cómo decidimos qué dirección tomar? ¿Cómo saber qué opción nos conducirá a la mejor versión de la obra?

La respuesta se apoya en el principio universal de las relaciones. Para saber qué lugar ocupa una cosa tenemos que relacionarla con otra. Y únicamente podemos evaluar un objeto o principio si tenemos algo para comparar y contrastar. De otro modo la evaluación es imposible.

Podemos apropiarnos de este principio para mejorar nuestras creaciones mediante la prueba A/B. Es complicado juzgar una obra o una elección si no cuentas con un punto de referencia. Si escoges dos alternativas y llevas a cabo una comparación directa, tendrás claras tus preferencias.

Siempre que sea posible, limitaremos las opciones a dos en cada prueba. Incluir más enturbiaría el proceso. Si estamos preparando un platillo, podríamos probar dos variedades distintas del mismo ingrediente antes de decidir cuál usar. Dos actores recitando el mismo monólogo, dos tonalidades de un color, dos planos diferentes del mismo departamento.

Los colocamos el uno junto al otro, retrocedemos y procedemos a la comparación directa. La mayor parte de las veces nos sentiremos atraídos por una de las alternativas.

De no ser así, silenciamos la mente para percibir cuál ejerce una ligera atracción. Si hacemos caso de la reacción natural del cuerpo, escogeremos la opción que apunta al arrebato.

Siempre que puedas, lleva a cabo la prueba A/B por el método ciego. Oculta tantos detalles como puedas de cada opción para eliminar cualquier sesgo que socave una comparación en igualdad de condiciones. Por ejemplo, algunos músicos prefieren la grabación analógica y otros la digital. Vale la pena grabar empleando los dos métodos y luego idear un modo para que escuchen el material sin saber cuál es cada uno. En ocasiones a los artistas les sorprende descubrir sus preferencias.

Si con la prueba A/B llegas a un punto muerto, plantéate el método de la moneda. Decide qué opción será sol y cuál águila, y lanza la moneda. Mientras gira en el aire, descubrirás una preferencia o deseo subrepticio por uno de los resultados. ¿Cuál te gustaría en realidad que saliera? Esa es la opción que debes escoger. La que desea tu corazón. El experimento termina incluso antes de que caiga la moneda.

Cuando hagas la prueba, no intelectualices demasiado el criterio de elección. Estás buscando el instinto automático, la reacción refleja que surge antes de que tengas tiempo de pensar. La preferencia visceral tiende a ser la más pura, mientras que la más pensada y secundaria está procesada y distorsionada por el análisis.

El objetivo es apagar la mente consciente y seguir nuestros impulsos. A los niños se les da de maravilla. Son capaces de atravesar varias emociones distintas, todas espontáneas, en el transcurso de un minuto, sin juicio ni apego. A medida que crecemos nos enseñan a esconder o enterrar esas reacciones. Eso amortigua nuestra sensibilidad interna.

Si tuviéramos que aprender algo, sería a liberarnos de cualquier creencia, bagaje o dogma que interfiera en la capacidad de actuar de acuerdo con nuestra tendencia natural. Cuanto más nos acerquemos al estado infantil de libre autoexpresión, más pura será la prueba y mejor nuestra expresión artística.

⊙

Una vez que la obra está acabada, no existe prueba en el mundo capaz de garantizar que creamos la mejor versión posible. Sus cualidades no se pueden medir. Hacemos pruebas para identificar la mejor versión de las opciones que tenemos entre manos.

Cualquier la ruta que tomes, si terminas el viaje, llegarás al mismo destino. Ese destino es una obra que te emociona compartir. La observas y te maravilla pensar que surgió de ti.

Tonos y grados

⊙

En el proceso de creación, las proporciones tienden a ser engañosas.

Dos semillas de inspiración tal vez resulten indiscernibles a primera vista y, sin embargo, una alberga un potencial inmenso y la otra prácticamente nada. Lo que comienza siendo un rayo podría no generar una pieza que refleje su magnitud inicial, mientras que una humilde chispa quizá llegue a convertirse en una obra de arte de dimensiones épicas.

Cuando estamos elaborando un proyecto, la cantidad de tiempo dedicado y los resultados rara vez están equilibrados. Un gran avance podría materializarse de golpe; otras veces, un minúsculo detalle puede requerir días enteros. Y no hay modo de predecir cuánto influirá cada uno en el resultado final.

Otra faceta sorprendente del proceso es constatar que el más mínimo detalle puede terminar definiendo la obra. Es capaz de determinar si una pieza es estimulante o lánguida, si está acabada o inacabada. Un toque de pincel, un pequeño cambio en la mezcla... y de súbito el trabajo pasa de incompleto a finalizado. Cuando sucede, parece un milagro.

Al final lo que hace que una obra sea grandiosa es la suma total de los pequeños detalles. Del principio al final, todo tiene tonos y grados. No hay una escala fija. No puede haberla, porque a veces los elementos más ínfimos son los que tienen más peso.

Cuando la obra tiene cinco errores,
todavía no está terminada.
Cuando tiene ocho errores,
es posible que sí.

Consecuencias
(Propósito)

Es posible que te preguntes de vez en cuando: «¿Por qué estoy haciendo esto? ¿Para qué tanto trabajo?».

En algunos casos, las preguntas empiezan pronto y aparecen con frecuencia. En otros, los artistas van por la vida sin plantearse jamás ese tipo de dudas. Quizá sepan que el que hace y el que explica siempre son dos personas distintas, aun siendo la misma persona.

Al final, esas cuestiones tienen poca importancia. No hace falta que exista un propósito detrás de lo que decidimos hacer. Si la examinamos de cerca, podríamos descubrir que esa idea tan grandiosa es insignificante. Eso sugiere que sabemos más de lo que nos imaginamos.

Si nos gusta lo que creamos, no hace falta conocer el motivo. En ocasiones las razones son evidentes; otras, no. Y pueden cambiar con el tiempo. Podría ser una entre un millón. Si hacemos cosas que amamos, cumplimos nuestra misión. No hay nada que averiguar.

Piensa:
«Solo estoy aquí para crear».

Libertad

⊙

¿Tiene el artista una responsabilidad social?

Algunos estarán de acuerdo con la idea y animarán a los artistas a crear en consecuencia.

Aquellos que albergan esta creencia no deben de haber entendido la función del arte en la sociedad y su valor social fundamental.

El arte cumple su función con independencia del sentido de la responsabilidad social de su creador. Pretender cambiar la mentalidad de la gente en relación con cierto tema o generar un efecto concreto en la sociedad puede interferir en la calidad y la pureza de la obra.

Eso no significa que nuestro trabajo tenga que carecer de esas cualidades, pero, por lo general, si lo hace no será intencionado. En el proceso creativo suele ser más difícil alcanzar un objetivo cuando apuntas en esa dirección.

Decidir de antemano lo que vas a decir no deja espacio para que surja lo mejor que pueda emerger. El significado se asigna una vez que una idea inspirada se ha plasmado.

Es preferible esperar a que una obra esté terminada para descubrir lo que dice. Dejar que el significado secuestre tu trabajo implica limitarlo.

Las obras que tratan de transmitir un mensaje de manera descarada no suelen conectar como uno esperaba, mientras que una pieza que no pretende abordar un problema social podría convertirse en el símbolo de una causa revolucionaria.

El arte es mucho más poderoso que nuestros planes para él.

⊙

El arte no puede ser irresponsable. Abarca todos los aspectos de la experiencia humana.

Hay facetas nuestras que no son bienvenidas en sociedad, pensamientos y sentimientos demasiado oscuros para ser compartidos. Cuando los identificamos en el arte, nos sentimos menos solos.

Más reales, más humanos.

Ese es el poder terapéutico del arte. Del que creamos y del que consumimos.

El arte está por encima de la razón, más allá del entendimiento. O te dice algo o no lo hace.

La única responsabilidad del artista es hacia la propia obra. No hay otros requisitos. Eres libre de crear lo que desees.

No tienes que defender tu trabajo. Tampoco tu obra tiene que defender nada salvo a sí misma. Tú no la simbolizas. Ni tu obra te simboliza necesariamente a ti. Será interpretada y reinterpretada por los ojos y los oídos de personas que apenas saben nada de su creador.

Si tuvieras que defender algo, sería esa autonomía creativa. No solo de los censores externos, sino también de las voces mentales que internalizan lo que se considera aceptable. El mundo es libre en la medida en que otorga libertad a sus artistas.

Qué decimos,
qué cantamos,
qué pintamos…
lo decidimos nosotros.

No tenemos responsabilidad
hacia nada que no sea el propio arte.
El arte es la última palabra.

Los poseídos

⊙

Las películas y los libros con frecuencia retratan a los artistas como genios torturados. En la miseria, autodestructivos, siempre bailando al borde de la locura.

Esa imagen ha difundido la idea de que para ser artista hay que tener el alma rota. O que la energía del arte es tan poderosa que acaba ofuscando al creador.

Ninguna de tales generalizaciones es cierta. Ideas equivocadas como esas tienen un efecto desalentador en las personas que aspiran a la creación artística. Es posible que algunos artistas vivan sumidos en las tinieblas. Otros en cambio avanzan por la vida livianos y con brío. Y en medio hay todo un abanico de temperamentos artísticos.

Para aquellos con vocación artística que poseen una sensibilidad arrolladora, el proceso creativo puede ejercer un efecto terapéutico. Ofrece una sensación de conexión profunda. Un lugar seguro desde el que expresar lo inconfesable y desnudar el alma. En esos casos, el arte no solo ayuda al creador a comprenderse mejor, sino que contribuye a sanar sus heridas.

Si bien el personaje del artista torturado es más legendario que real, no debemos pensar por ello que expresarse artísticamente sea sencillo. Requiere el deseo obsesivo de crear grandes cosas. Eso no implica que la búsqueda sea angustiosa. Tal vez te llene de energía. Depende de ti.

Que te impulse una pasión poderosa o una compulsión tortuosa no significa que el arte sea mejor ni peor. Si tienes la posibilidad de escoger entre uno de esos caminos, plantéate elegir el que mejor puedas mantener. Un artista se gana su título a través de la autoexpresión y nada más, pues cada cual trabaja a su manera y a su ritmo.

Lo que te funcione mejor
(Creer)

Cierta cantante compuso toda su música en la misma sala desordenada de un viejo edificio de oficinas. Nadie la ha ordenado en treinta años y ella no permite que la limpien. El secreto está en esa habitación, dice.

Lo cree y le funciona.

Charles Dickens llevaba siempre una brújula encima para asegurarse de dormir orientado al norte. Pensaba que estar alineado con las corrientes electromagnéticas de la Tierra potenciaba su creatividad. El doctor Seuss poseía una biblioteca con una puerta secreta que ocultaba cientos de sombreros estrafalarios. Su editor y él escogían un sombrero cada uno y se miraban hasta que llegaba la inspiración.

Puede que esas historias no sean del todo ciertas, o tal vez sí. Carece de importancia. Si determinado ritual o superstición ejerce un efecto positivo en el trabajo del artista, vale la pena conservarlo.

Los artistas han creado de todas las maneras posibles: en mitad del caos o en el orden más extremo, y en la intersección de distintos métodos al mismo tiempo. No hay una hora adecuada, una estrategia correcta ni un equipo imprescindible.

Puede resultar útil pedir consejo a artistas más experimentados, pero solo a título informativo, no como prescripción. Sus reflexiones te ofrecerán un punto de vista diferente y ampliarán tu idea de lo que es posible.

Los creadores reconocidos suelen recurrir a su propia experiencia y recomiendan soluciones que les han funcionado. Pero estas casi siempre se refieren a su proceso específico, no al tuyo. Vale la pena recordar que su método no es el método universal.

Tu camino es único y solo te pertenece a ti. Hay muchas rutas distintas para llegar a una obra de arte excepcional.

Eso no significa que debas rechazar la sabiduría de los demás. Recíbela con inteligencia. Pruébatela para ver cómo te sienta. Incorpora lo que te resulte útil y desecha lo demás. Y no importa lo creíble que sea la fuente; ponla a prueba y ajústala a tu medida para averiguar qué te funciona y qué no.

Las únicas prácticas que importan son las que tú llevas a cabo con regularidad, no las que elige otro artista. Busca el método que te ayude a generar más ideas, aplícalo y renuncia a él cuando deje de resultarte útil. No hay maneras incorrectas de crear.

Adaptación

Cuando practicamos, sucede algo singular.

Si estamos aprendiendo, por ejemplo, una pieza musical, es muy posible que la toquemos una y otra vez. Nos resulta un poco más fácil, más difícil, más fácil otra vez, hasta que lo dejamos. Cuando retomamos la práctica un par de días más tarde, de repente la pieza fluye con mucha más facilidad. Los dedos parecen haber adquirido agilidad. La parte donde nos trabábamos ya no nos cuesta.

Este fenómeno no se da en otras formas de aprendizaje. No estamos leyendo información y memorizándola. Es más misterioso. Te levantas una mañana transportado a esa nueva realidad en la que súbitamente posees más destreza que el día anterior cuando te fuiste a dormir. El cuerpo cambió, se adaptó a la tarea que le encomendaste y se superó a sí mismo.

La práctica nos coloca a mitad de camino. Luego hace falta tiempo para que el cuerpo la asimile. Podríamos llamar a eso «fase de recuperación». En el levantamiento de pesas, el entrenamiento rasga el músculo y la recuperación lo reconstruye más fuerte que antes. El elemento pasivo de la práctica es tan importante como el activo.

Tenemos la idea de que para dominar una disciplina artística, debemos trabajar sin cesar. Y es cierto. Pero solo es la mitad de la realidad. También nos beneficia hacer descansos, alejarnos y regresar luego de un rato. Ya sea practicando un instrumento o en el curso de la obra de tu vida, recuperarte en el momento oportuno aportará saltos mayores a tus progresos.

El ciclo de práctica y adaptación genera un desarrollo multifacético. Incrementa la concentración y entrena a tu cerebro para que aprenda de manera más eficaz. Con más facilidad.

En consecuencia, otras habilidades mejoran también. Aprender a tocar el piano seguramente mejorará tu oído. Y es posible que desarrolles facilidad para las matemáticas.

⊙

Este proceso de adaptación tiene un papel todavía más importante que el aprendizaje. Es un aspecto del universo que se manifiesta a través de ti. Una voluntad de vida.

Una idea cobra potencia, acumula energía, anhela ser expresada. La oímos, la vemos, la imaginamos, pero es posible que solo podamos rozarla con los dedos. Conforme la vamos persiguiendo una y otra vez, más detalles cobran nitidez y nos posee.

Nuestra capacidad aumenta y se extiende hasta palpar la idea. La Fuente nos está presentando una ofrenda. Aceptamos la responsabilidad con gratitud, la valoramos y la protegemos. Reconocemos con humildad que procede de algo superior a nosotros. Más importante. Y no es solo para nosotros. Estamos a su servicio.

Por eso estamos aquí. A través de ese impulso evoluciona la humanidad. Nos adaptamos y crecemos para poder recibir. Esas habilidades innatas han permitido a lo largo de los eones que los seres humanos y toda forma de vida sobrevivieran y evolucionaran en un mundo siempre cambiante. Que hicieran el papel que tenían asignado en la expansión del ciclo de la creación: apoyar el nacimiento de otras formas nuevas y más complejas. Si es que escogemos participar.

Traducción

El arte es un acto de descodificación. La Fuente nos envía inteligencia y la interpretamos mediante el lenguaje del ámbito artístico que escogimos.

En todos los campos hay distintos grados de fluidez. El nivel de habilidad influye en la capacidad que tenemos para articular mejor o peor la traducción, del mismo modo que el vocabulario afecta a la comunicación.

La correlación no es directa. Se trata de una relación fluida. Cuando uno aprende un nuevo idioma, tal vez sea capaz de formular una pregunta, pronunciar una frase bien memorizada o decir algo gracioso sin pretenderlo. Igualmente se puede sentir incapaz de compartir ideas más complejas, sentimientos más sutiles y expresar quién es en toda su magnitud.

Cuanto más desarrollamos, ampliamos y pulimos nuestras habilidades, mayor es nuestra fluidez. Podemos experimentar mayor libertad y menor monotonía en el acto creativo. Y mejorar inmensamente nuestra capacidad de plasmar la mejor versión de nuestras ideas en el mundo físico.

Por el bien tanto del trabajo como de nuestro disfrute, nos enriquecerá en grado sumo seguir perfeccionando el oficio. Todo artista, en cualquier momento del proceso, puede mejorar mediante la práctica, el estudio y la investigación. Las dotes artísticas son más aprendidas y desarrolladas que innatas. Siempre se pueden pulir.

Como Arn Anderson observó una vez: «Soy profesor y alumno, porque si dejas de ser alumno no tienes derecho a considerarte profesor».

Si eres incapaz de tocar una nota o de pintar una imagen con fidelidad, te ayudará recordar que no significa que seas incapaz de hacerlo, sino que tan solo es que no lo has hecho todavía. Evita pensar que hay imposibles. Si necesitas cierta habilidad o información para un proyecto en particular, puedes hacer lo necesario y trabajar para conseguirlo poco a poco. Todo se puede aprender.

Si bien este enfoque desarrollará tu capacidad, no te garantiza que te conviertas en un gran artista. Un guitarrista podría tocar un solo muy complicado y, aun siendo técnicamente excepcional, no llegar a conectar en el plano emocional, mientras que un principiante podría tocar un sencillo tema de tres acordes y arrancarnos lágrimas.

Tampoco debes tener miedo de aprender demasiada teoría. No restará fuerza a la pureza de tu voz si no dejas que lo haga. Los conocimientos nunca perjudicarán tu obra. La manera de usar ese conocimiento, en cambio, puede que sí. Te proporciona nuevas herramientas, pero no estás obligado a usarlas.

Aprender nos aporta una mayor variedad de recursos para transmitir nuestras ideas con fidelidad. De ese menú ampliado todavía podemos escoger la opción más sencilla y elegante. Pintores como Barnett Newman, Piet Mondrian y Josef Albers poseían formación clásica y decidieron dedicar sus carreras a explorar formas geométricas sencillas y monocromáticas.

Considera tu destreza como una energía que vive en ti. Sencillamente es una parte del ciclo de la evolución, igual que cualquier otro ser vivo. Quiere crecer. Aspira a florecer.

Pulir el oficio es rendir tributo a la propia creación. No hace falta que te conviertas en el mejor de tu ámbito. Practicando para mejorar estás cumpliendo tu propósito principal en este planeta.

Tabula rasa

⊙

Tras pasar miles de horas trabajando en una pieza, resulta complicado juzgarla desde una posición neutral. Cuando alguien experimenta la obra por primera vez, podría verla en dos minutos con más claridad que tú.

Con el tiempo casi todos los artistas acaban demasiado apegados a sus obras. Después de trabajar incansablemente en la misma pieza, perdemos la perspectiva. Terminamos sufriendo una especie de ceguera. Es posible que asomen la duda y la desorientación. Nuestro juicio se nubla.

Si aprendemos a alejarnos de la obra, a separarnos de ella, a desviar completamente la atención, a sumergirnos a fondo en otra cosa…

Después de permanecer alejados un periodo de tiempo lo bastante largo, al regreso seremos capaces de verla como si fuera la primera vez.

Es la práctica de hacer tabula rasa. La capacidad de crear como artista y experimentar la obra como un espectador que nunca antes la ha contemplado, dejando de lado la idea preconcebida sobre lo que queríamos que fuera. El objetivo es permanecer en el momento presente con la obra.

He aquí un ejemplo concreto de lo que sería hacer tabula rasa. La etapa final del proceso de grabación es la mezcla. En esa fase, un ingeniero de sonido ecualiza los distintos instrumentos para presentar el material en las mejores condiciones.

Mientras escucho las mezclas, voy confeccionando una lista de observaciones. Quizá las voces en el puente no son lo bastante potentes. El relleno de batería en la transición hacia el último estribillo debe tener más presencia. O tal vez debamos bajar cierto instrumento de la intro para dejar espacio a otra cosa.

Lo más habitual es hacer esos cambios, tachar cada elemento de la lista y luego volver a escuchar la canción teniéndolos presentes. «Bien, ¿las voces del puente están más altas, como pedí? Sí, hecho. ¿El relleno de batería de la transición cobra importancia? Sí, hecho».

Te adelantas a cada parte. Pones atención selectiva para comprobar que los cambios se llevaron a cabo, en lugar de escuchar el tema en conjunto con el fin de averiguar si realmente suena mejor que antes.

El ego interviene diciendo: «*Esto es lo que yo quería. Ya tengo lo que buscaba, así que problema resuelto*».

Pero no tiene por qué ser verdad. Sí, los cambios se hicieron, pero ¿mejoraron la canción? ¿O causaron un efecto dominó que generó otros problemas?

En esta etapa del proceso, cada elemento del trabajo es interdependiente. De modo que aun la más mínima variación puede provocar ramificaciones inesperadas. Tras actualizar la mezcla con los cambios de la lista, tendemos a dar por hecho que la canción mejoró cuando puede que no sea verdad.

La clave es entregar las notas a otra persona, de ser posible, para que haga los cambios y luego deshacerse de la lista y nunca volver a mencionarla. Cuando oímos la mezcla corregida, debemos escucharla como si fuera la primera vez e iniciar una nueva lista de cero. El método ayuda a escuchar las cosas como son en realidad y nos permite ir avanzando hacia la mejor versión.

Una forma de poner en práctica la tabula rasa es evitar revisar la obra una y otra vez. Si terminas una sección o te topas con un obstáculo, plantéate alejarte del proyecto y no sumergirte en él hasta pasado un tiempo. Déjalo reposar un rato, una semana o más, haciendo otra cosa.

La meditación es una herramienta valiosa para reiniciar. También puedes probar con hacer deporte, pasear por algún lugar pintoresco o realizar alguna actividad creativa no relacionada con el proyecto.

Cuando te hayas despejado, seguramente tendrás el criterio para saber lo que el proyecto pide y necesita.

El elemento clave es el paso del tiempo. El tiempo nos permite aprender. Y también desaprender.

Contexto

Imagina una flor en una pradera.

Ahora toma esa misma flor y métela en el cañón de un rifle. O colócala sobre una lápida. Advierte lo que sientes en cada caso. El sentido cambia. En nuevos entornos, el mismo objeto puede adquirir significados muy diferentes.

El contexto cambia el contenido.

Plantéate las repercusiones de este principio en tu trabajo. Si estás pintando un retrato, el fondo forma parte del contexto. Modificar el fondo arroja nueva luz sobre el primer plano. Un escenario oscuro transmite un mensaje distinto del que proyecta uno luminoso. Un entorno denso no provoca las mismas sensaciones que uno despejado. El marco, la sala en la que se expone el cuadro, las obras de arte que están cerca... Todos esos elementos afectan a la percepción de la pieza.

Algunos artistas controlan esos factores a conciencia. Otros los dejan al azar. Y algunos crean obras que dependen totalmente del contexto. Las cajas Brillo de Andy Warhol, por ejemplo. En un supermercado no son sino los envases desechables de un artículo de limpieza. En un museo son objetos extraños que nos fascinan e intrigan.

Cuando secuenciamos una serie de canciones y situamos un tema suave delante de otro estrepitoso, el orden afecta a la escucha de ambos. Después de una canción tranquila, el tema ruidoso suena más rimbombante.

En cierta ocasión me dijeron que los músicos deberían añadir su nuevo tema a una lista con sus canciones favoritas de todos los tiempos para comprobar si se sostiene en ese contexto. De no ser así, deberían dejarlo y seguir trabajando hacia la excelencia.

Las normas sociales de las distintas épocas y zonas geográficas son asimismo marcos contextuales en los que habita el arte. La misma historia de una relación entre dos personas se podría ambientar en Detroit o en Bali, en la antigua Roma o en otra dimensión. En cada caso la historia podría adquirir un significado distinto.

Publica la obra cierto año y no otro, y el significado puede volver a cambiar. Temas de actualidad, tendencias culturales o el lanzamiento de otras obras simultáneamente afectarán a la recepción del proyecto. El tiempo es otra forma de contexto.

Cuando una pieza no esté a la altura de tus expectativas, plantéate cambiar el contexto. Observa más allá del elemento principal, examina las variables que lo rodean. Juega con distintas combinaciones. Colócala junto a otras obras. Sorpréndete.

Algunas opciones habituales son:

suave-ruidoso
rápido-lento
alto-bajo
cerca-lejos
luminoso-oscuro
grande-pequeño
curvo-recto
áspero-suave
antes-después
dentro-fuera
igual-distinto

Un nuevo contexto puede aportar a la obra fuerza inesperada, una potencia que jamás habrías imaginado antes de cambiar ese elemento en apariencia intrascendente.

La energía
(De la obra)

¿Qué nos induce a trabajar con tanto afán? ¿Qué nos impulsa a terminar unas piezas y no otras?

Nos gusta pensar que se debe al entusiasmo. Al sentimiento que emana cuando estamos inmersos en un proceso de autoexpresión.

En realidad, la energía no la generamos nosotros, sino que nos arrastra. La extraemos de la propia obra. Esta contiene la savia, esa vitalidad contagiosa que nos impulsa hacia delante.

Los trabajos que sugieren grandeza albergan una carga que podemos percibir, como electricidad estática antes de una tormenta. Consumen a su creador, invaden sus pensamientos y sus sueños. En ocasiones se convierten en la razón de su vida.

La energía se parece a otra fuerza creadora del mundo:

El amor.

Una atracción cinética que escapa a nuestra comprensión racional.

En las primeras etapas de un proyecto, la emoción es el voltímetro interno que debemos tomar en cuenta a la hora de elegir qué semilla desarrollar. Cuando estás manipulando una semilla y la aguja se dispara, te está indicando que ese proyecto merece tu atención, tu devoción. Alberga el potencial necesario para mantener tu interés y hacer que el esfuerzo valga la pena.

Conforme vas experimentando y confeccionando, nuevas cargas energéticas se van activando con cada decisión. Te sorprendes perdiendo la noción del tiempo, olvidándote de comer, retirándote del mundo externo.

Otras veces el proceso avanza a paso de tortuga. Los minutos se arrastran y cuentas los días que faltan para terminar la obra. Eres un prisionero que graba marcas en la pared de su celda.

Recuerda que no siempre tenemos acceso a la energía del proyecto. En ocasiones te pierdes en un desvío y la carga se extravía. O estás tan inmerso en los detalles que no alcanzas a ver la imagen completa. Es natural que la emoción se desborde y decrezca aun frente a la obra de arte más maravillosa.

Si el trabajo te emociona un día y deja de hacerlo durante un largo periodo, es posible que una falsa señal te haya inducido a engaño. Cuando los momentos de alegría se presentan como un recuerdo lejano y la obra parece más bien un deber hacia una antigua idea, podrías plantearte si no te habrás excedido o si esa semilla en concreto no estaba lista para germinar.

Cuando la energía se agote, retrocede unos cuantos pasos para volver a conectar con la carga energética o busca una nueva semilla que te genere emoción. Una de las destrezas que desarrolla un artista es la capacidad de reconocer en qué momento la obra y él no tienen nada más que ofrecerse mutuamente.

Todos los seres vivos están interconectados y dependen unos de otros para sobrevivir. La obra de arte no es distinta. Te genera emoción, y eso exige tu atención. Y tu interés es justo lo que necesita para crecer. Es una relación de dependencia mutua y armónica. El creador y su creación se apoyan el uno en el otro para prosperar.

Al artista se le pide que responda a esa emoción. Allí donde hay emoción, hay energía. Y donde hay energía, hay luz.

La mejor obra
es aquella que te ilusiona.

Terminar para volver a empezar
(Regeneración)

⊙

Carl Jung tenía la obsesión de construir una torre redonda en la que vivir, pensar y crear. La forma era importante porque quería ver «la vida desde todas las perspectivas, como un círculo de nacimiento y extinción eternos».

Somos parte de un ciclo de nacimiento, muerte y regeneración constante e interconectado. Nuestros cuerpos se descomponen en la tierra para traer nueva vida al mundo, nuestra mente energética regresa al universo para cumplir nuevos propósitos.

El arte existe en ese mismo ciclo de muerte y renacimiento. Participamos en él finalizando proyectos para poder empezar otra vez. Igual que sucede en la vida, cada final da lugar a un nuevo comienzo. Cuando nos obsesionamos con un único proyecto hasta el punto de convertirlo en nuestra razón de ser, no dejamos espacio para que se desarrolle el siguiente.

Si bien el objetivo del artista es la grandeza, también lo es avanzar. Hacemos bien al siguiente proyecto terminando el actual, y hacemos bien al proyecto actual finalizándolo, para poder entregarlo al mundo.

Compartir una obra de arte es el precio de crearla. Dejar a la vista tu vulnerabilidad es el pago.

De esa experiencia surge la regeneración, el gesto de hallar algo nuevo en ti para el próximo proyecto. Y los que vendrán.

Todo artista crea una historia dinámica, un museo vivo de objetos acabados. Una obra tras otra. Comenzar, terminar, lanzar. Comenzar, terminar, lanzar. Una y otra vez. Como marcas temporales de momentos de transición, como instantes cargados de energía, ahora encarnados por siempre en obras de arte.

Una obra de arte no es una meta en sí misma.
Es una parada en un viaje.
Un capítulo de nuestras vidas.
Documentando cada una de esas transiciones
les otorgamos reconocimiento.

Juego

El arte es un asunto muy serio.
Emplear energía creativa procedente de la Fuente.
Atraer ideas al plano físico.
Participar en el ciclo cósmico de la creación.
Lo contrario también es cierto. El arte es puro juego.

En el interior de todo artista hay un niño que vacía una caja de lápices de colores en el suelo para buscar el tono perfecto con el que pintar el cielo. Podría ser violeta, verde oliva o naranja tostado.

Como artistas, aspiramos a preservar esa capacidad durante la solemnidad de la labor. Aceptamos tanto la seriedad del compromiso como el juego de ser totalmente libres durante el proceso.

Tómate el arte en serio sin abordarlo con gravedad.

La seriedad lastra el trabajo. Suprime el lado más lúdico del ser humano. La euforia caótica de estar presente en el mundo. La liviandad del disfrute por la pura fruición.

En el juego no hay apuestas. No hay límites. Nada está bien ni está mal. No hay cuotas de productividad. Se trata de un estado desinhibido en el cual el espíritu tiene rienda suelta.

Las mejores ideas surgen con más frecuencia y facilidad en ese estado distendido.

Conceder importancia a la obra demasiado pronto nos vuelve precavidos. En vez de eso, la idea es liberarse de los grilletes de la realidad y evitar cualquier forma de restricción creativa.

Siéntete libre de experimentar. Haz estropicios. Recibe el azar con los brazos abiertos. Cuando el rato de juego haya terminado, nuestra faceta adulta puede intervenir para analizar: «¿Qué hicieron hoy los niños? Me pregunto si habrá algo bueno y qué puede significar».

Se trata de acudir a la cita a diario, construir cosas, romperlas, experimentar y sorprendernos. Si los niños de cuatro años pierden interés en una actividad, no intentan terminarla ni se obligan a divertirse con ella. Simplemente se dedican a otra cosa. Buscan otra forma de jugar.

Algunas partes del proceso pueden volverse tediosas. En esos momentos, ¿puedes reconectar con la actitud que tenías en los inicios del proceso?

En cierta ocasión estábamos en el estudio con un artista trabajando una canción de ritmo acelerado. Decidimos probar una versión acústica, que nos condujo a una superposición de pistas interesante. Entonces lo silenciamos todo excepto la superposición y la escuchamos aislada, lo que nos empujó en una dirección totalmente nueva. Cada repetición nos llevaba a otra versión, ninguna de las cuales estaba planeada ni apegada a una idea preconcebida.

Al final obtuvimos una hermosa grabación que no se parecía en nada a la idea original de la canción. Solo fue posible porque permitimos que la energía del presente sugiriera nuevas posibilidades. En lugar de seguir un plan, tomamos un camino a ciegas.

Eso puede suceder a diario. Busca una pista, persigue una idea y no te apegues a lo que tenías antes.

Y evita aferrarte a la decisión que tomaste hace cinco minutos.

Acuérdate de cuando eras un principiante ilusionado, cuando las herramientas de tu actividad artística eran exóticas y nuevas. Recuerda la fascinación del aprendizaje, las alegrías de los primeros pasos.

Ese podría ser el mejor modo de retener la energía que impulsa el trabajo y de enamorarte de tu actividad una y otra vez.

Que la obra surja con facilidad a través del juego
o con dificultad mediante el esfuerzo
no afecta a la calidad de la pieza terminada.

La adicción al arte
(Sangha)

Si pretendes vivir del arte, quizá le estés pidiendo demasiado. Creamos al servicio del arte, no por lo que nos pueda reportar.

Tal vez anheles tener éxito para poder dejar un empleo que no te satisface y vivir de tu pasión. Se trata de un objetivo comprensible. Sin embargo, si tienes que elegir entre crear grandes obras de arte u obtener ingresos, el arte siempre va primero. Plantéate otra forma de ganarte la vida. El éxito es más difícil de alcanzar cuando tu vida depende de ello.

El oficio de artista es inestable en la mayoría de los casos. La retribución económica llega de manera irregular, si es que lo hace. Algunos artistas quizá vean con claridad lo que desean crear, pero se reprimen al pensar que no va a pagar las deudas. No pasa nada por tener un empleo que financie tu adicción al arte. Compaginar ambas cosas es un modo mejor de conservar la pureza de tus creaciones.

Hay trabajos que te exigen tiempo y algo más. Puedes proteger tu creación artística escogiendo una ocupación que te deje espacio mental para formular y desarrollar tu visión creativa del mundo.

Empleos que no tienen nada que ver con tu pasión te pueden aportar satisfacción. A menudo surgen grandes ideas de lugares inesperados. Muchas canciones memorables fueron compuestas por personas que no estaban a gusto en su trabajo.

Otra posibilidad sería ganarte la vida en el ámbito que te apasiona. Podría ser una galería de arte, una librería, un estudio de música o un set de grabación. Si no encuentras ningún trabajo relacionado con tu campo, tal vez puedas tener varios trabajos como becario.

Estar cerca de la actividad que te encanta te permite echar un vistazo entre bastidores. Puedes observar la vida diaria de los creadores profesionales, entender la industria y conocer la infraestructura por dentro. Tras experimentar cómo funciona, sabrás si esa vía merece tu devoción.

Aunque implique ganar menos al principio, escoger este tipo de trabajo podría brindarte más tarde oportunidades inesperadas.

También puedes optar por un empleo que te proporcione seguridad al mismo tiempo que realizas tu actividad artística como afición, una afición que es lo más importante de tu vida. Ningún camino tiene más mérito que otro.

⊙

Hagas lo que hagas, te ayudará tener compañeros de viaje. No hace falta que sean como tú, solo que compartan cosas contigo. La creatividad es contagiosa. Cuando pasamos tiempo con personas con mentalidad artística, absorbemos e intercambiamos una manera de pensar, un modo de mirar el mundo. Podríamos pensar en este grupo como una Sangha. A través de ese entramado, las personas empiezan a ver la vida desde una perspectiva distinta e imaginativa.

No importa si su ámbito artístico es el mismo que el tuyo o distinto. Formar parte de una comunidad de gente que siente pasión por el arte, con la que puedes mantener largas discusiones e intercambiar comentarios sobre el trabajo, siempre será estimulante.

Contar con una comunidad artística puede ser una de las grandes alegrías de la vida.

El prisma del yo

⊙

Definir el verdadero yo no es fácil. Tal vez sea imposible.

Habitamos muchas versiones distintas de un yo cambiante. La sugerencia «sé tú mismo» podría ser demasiado general para resultar de utilidad. Puedes ser tú mismo como artista, con tu familia, en el trabajo, con los amigos, en momentos de crisis y en épocas de tranquilidad, y puedes ser tú mismo contigo, cuando estás a solas.

Además de esas versiones dependientes del entorno, también estamos siempre cambiando por dentro. Nuestros estados de ánimo, niveles de energía, las historias que nos contamos, nuestras experiencias anteriores, si estamos hambrientos o cansados: todas esas variantes crean un nuevo modo de ser en cada momento.

Nos transformamos en función de las personas con las que estamos, de dónde nos encontramos o de lo seguros o inseguros que nos sentimos. Nos movemos por distintos aspectos del yo.

Quizá una de nuestras facetas sea un yo audaz y subversivo, que forcejea con otro yo más agradable, que tiende a evitar el conflicto. Podría haber una faceta soñadora, que aspira residir en mundos vastos y magníficos, en desacuerdo con nuestro lado pragmático, que cuestiona nuestra capacidad de hacer los sueños realidad.

Esas facetas diversas mantienen una negociación constante. Y cada vez que sintonizamos con un yo particular, tomamos decisiones distintas que modifican el resultado de nuestro trabajo.

Cuando un rayo de luz atraviesa un prisma, se descompone en un despliegue de colores. El yo también es un prisma atravesado por acontecimientos neutrales que se descomponen en un espectro de sentimientos, pensamientos y sensaciones. Cada parte del yo procesa toda esa información de forma diferente, refleja la vida a su manera y proyecta distintas tonalidades artísticas.

De ahí que no todas las obras reflejen la totalidad del yo. Quizá no sea posible, por más que lo intentemos. En lugar de eso, podemos aceptar el prisma y seguir dejando que la realidad se proyecte de un modo singular a través de nosotros.

Igual que un caleidoscopio, es posible ajustar la apertura de nuestra visión y cambiar los resultados. Podemos tratar de trabajar desde un aspecto en particular, como si representáramos a un personaje, y crear desde nuestro yo más oscuro o desde el más espiritual. El resultado será diferente en cada caso, pero ambos procederán del yo y reflejarán nuestra verdadera naturaleza.

Cuanto más aceptemos nuestra condición de prisma, más libres nos sentiremos para crear en distintos colores y más confiaremos en los instintos inconscientes que aparecen mientras creamos una obra de arte.

No hace falta entender por qué algo es bueno ni preguntarnos si una decisión es «correcta» o si nos refleja de manera fidedigna. Sencillamente es la luz que nuestro prisma emite de forma natural en cierto momento.

Cualquier marco, método o etiqueta
que te impones
puede ser tanto una limitación
como una abertura.

Que así sea

⊙

Lo primero es no hacer daño.

Este mandamiento es el conocido principio rector del juramento hipocrático. Considéralo un precepto universal. Si te piden que participes en el proyecto de un compañero, procede con delicadeza.

En su forma más tosca, la primera versión de una obra puede albergar una magia extraordinaria. Hay que proteger eso por encima de todo. Cuando trabajes con otros, ten muy presente el juramento.

Un simple reconocimiento de los puntos fuertes puede ser suficiente para impulsar el proyecto. Un amigo me pidió que escuchara los temas en los que estaba trabajando para que le diera algún consejo.

En mi opinión, no había nada que añadir o que cambiar. Le sugerí que en la mezcla final prescindiera de ecualizar y equilibrar el sonido. Esa práctica habitual solo serviría para diluir una obra de arte. En ocasiones la aportación más valiosa que le puedes hacer a un colaborador es no tocar nada en absoluto.

Cooperación

El prisma del yo refleja un aspecto del ser en nuestro trabajo. Cuando aplicamos más de un prisma, se pueden liberar posibilidades inesperadas. Tanto si las perspectivas chocan como si se complementan mutuamente, se combinarán para crear una nueva visión.

Podemos llamar a eso «cooperación».

Igual que la consciencia, la cooperación se desarrolla con la práctica. Cuanta mayor habilidad desarrollemos, más cómodos nos sentiremos en el proceso.

La cooperación es comparable al modo en que improvisa una banda de jazz. Un grupo de colaboradores, cada cual con su punto de vista singular, trabajan juntos para crear algo nuevo, actuando y reaccionando instintivamente sobre la marcha. Puedes dirigir la reunión o permitir que te dirijan y disfrutar con la sorpresa de lo inesperado. Puedes lanzarte a un solo o dejar de tocar por completo, lo que más beneficie a la pieza.

Cada vez que cooperamos nos exponemos a distintas maneras de trabajar y de resolver problemas, lo cual puede dar un impulso a nuestro proceso creativo.

La cooperación no debe confundirse con competencia. No es una lucha de poder para salirte con la tuya o demostrar que tienes razón.

La competencia trabaja en favor del ego. La cooperación trabaja en favor del mejor resultado.

Imagina la cooperación como levantar o ser levantado para ver por encima de un muro alto. No hay lucha de poder en ese acto. Te limitas a encontrar la vía más rápida para acceder a una nueva perspectiva.

Perjudicamos al proyecto si calculamos en qué medida contribuimos a él. Creer que una idea es mejor porque es nuestra constituye un error nacido de la falta de experiencia. El ego exige autoría y crece a expensas del arte. Tiende a rechazar nuevos métodos que desafían el sentido común y a proteger aquellos con los que está más familiarizado.

Alcanzamos los mejores resultados cuando somos imparciales y nos separamos de nuestras propias estrategias. Todos nos beneficiamos cuando se escoge la mejor idea, tanto si es nuestra como si no.

⊙

Cuando trabajo con otros artistas, hacemos un pacto:

El proceso se alargará hasta que todos estemos satisfechos con la obra. Ese es el objetivo final de la cooperación. Si a una persona le encanta el resultado pero a otra no, suele haber un problema subyacente al que vale la pena poner atención. Seguramente significa que no perseveramos lo suficiente y la obra no ha alcanzado todo su potencial.

Si a un colaborador le gusta la opción A y otro prefiere la opción B, la solución no es escoger entre A y B, sino seguir trabajando hasta encontrar una opción C que les parezca mejor a ambos artistas. La opción C podría incorporar elementos de A, de B, de ambas o de ninguna.

En el momento en que un colaborador se rinde y se conforma con una opción que no le entusiasma para poder continuar, todo el mundo sale perdiendo. Las buenas decisiones no surgen de sacrificarse sino del reconocimiento mutuo de que se tomó la mejor solución disponible.

Si te gusta la obra tal como está, no pierdes nada por tratar de mejorarla hasta que a todo el mundo le encante. Eso no es transigir. Es trabajar juntos para superar la versión actual.

⊙

No nos compenetramos igual de bien con todos los colaboradores. Puede ser que dos personas de gran talento decidan unir fuerzas y, por la razón que sea, no resuenen mutuamente. O quizá uno de los participantes no esté trabajando con espíritu de cooperación y en vez de eso haya creado un ambiente de competencia y persuasión.

Si nunca te pones de acuerdo con un colaborador y después de muchas versiones no llegan a ningún lugar interesante, puede que no sean la pareja ideal.

Igualmente, es posible que no estén hechos el uno para el otro si tu colaborador y tú siempre están de acuerdo en todo. No buscamos alguien que piense igual que nosotros, trabaje como nosotros y comparta nuestros gustos. Si tu colaborador y tú lo ven todo con los mismos ojos, es posible que uno de los dos esté de más.

Imagina que proyectas un rayo de luz a través de dos filtros de color idéntico. Ya estén juntos o separados, generarán la misma tonalidad. En cambio, solapar dos filtros que contrastan entre sí producirá un color nuevo.

En muchas de las bandas, colectivos y colaboraciones más importantes, parte de su fórmula para la grandeza era cierto grado de polaridad. La magia surge de una tensión dinámica entre varios puntos de vista. Eso crea trabajos más singulares que los surgidos de una sola voz.

Es frecuente que exista una tensión sana entre colaboradores. La fricción prende la llama. Siempre y cuando no nos empeñemos en salirnos con la nuestra, recibiremos la fricción con los brazos abiertos, ya que nos acercará a la mejor versión del trabajo que tenemos entre manos.

Algunas colaboraciones funcionan más como dictaduras que como democracias. Este sistema también puede funcionar. En esos casos, todo el mundo accede a cerrar filas en torno a la idea de una persona y se esfuerza al máximo por plasmarla.

Ya sea que la decisión final la tome un líder o un colectivo, sigue siendo un acto colaborativo. Los participantes ofrecen lo mejor que tienen al equipo.

⊙

La comunicación es la clave de una colaboración fluida.

Cuando hagas comentarios, no aludas a lo personal. Comenta siempre el trabajo en sí, sin aludir a la persona que hace la aportación. Si un participante se toma las críticas de manera personal, por lo general se negará a cambiar su postura.

Sé todo lo concreto que puedas a la hora de ofrecer tus impresiones. Céntrate en los detalles de lo que percibes y sientes. Cuanto más aséptica sea la crítica, mejor se la tomará el receptor.

«Opino que los colores de estas dos zonas no quedan bien juntos» es más productivo que «No me gustan los colores».

Aunque tengas una solución en mente, no la compartas de inmediato. Es posible que al receptor se le ocurra una solución mejor sin tu intervención.

Cuando somos nosotros los que recibimos los comentarios, nuestra tarea es dejar el ego a un lado y esforzarnos por entender la crítica. Si un participante sugiere que cierto detalle se debería mejorar, podemos interpretar erróneamente que está cuestionando la totalidad del trabajo. El ego puede percibir la ayuda como interferencia.

Te servirá tener presente que el lenguaje es un medio de comunicación imperfecto. Las ideas se transforman y se diluyen cuando las traducimos a palabras. Y nuestro filtro las distorsiona aún más cuando las interpreta, lo que acaba causando una ambigüedad inmensa.

Hace falta paciencia y agilidad mental para ir más allá del relato que creemos estar oyendo y acercarnos a lo que se está diciendo en realidad.

Es útil, cuando recibimos comentarios, repetir la información. Tal vez descubramos que lo que oímos no es lo que se dijo. E incluso puede ser que lo que esa persona comentó ni siquiera era lo que pretendía expresar.

Formula preguntas para tener las ideas más claras. Cuando los colaboradores explican a fondo a qué aspectos del trabajo se refieren, podemos caer en la cuenta de que nuestras visiones no se contradicen. Simplemente estamos usando un lenguaje distinto o enfocándonos en diferentes elementos.

Ser específicos a la hora de hacer observaciones despeja el ambiente. Reduce el nivel de carga emocional y nos permite trabajar juntos al servicio de la pieza.

La sinergia de un grupo
es tan importante
(o más)
que el talento
de los individuos que lo componen.

El dilema de la sinceridad

⊙

La mayoría de los artistas sobrevaloran la sinceridad.

Aspiran a crear obras de arte que expresen su verdad. La versión más genuina de sí mismos.

La sinceridad, sin embargo, es una característica esquiva. Es distinta de otros objetivos que podamos marcarnos. Cuando aspiramos a crear algo grande, tener presente la sinceridad puede ser contraproducente. Cuanto más nos esforcemos por alcanzarla, más retrocederá. La obra que presume de ser sincera puede resultar empalagosa. Dulzona. Una frase vacía en una tarjeta de cumpleaños.

En el arte, la sinceridad es un efecto colateral. No puede constituir la meta primordial.

Nos gusta imaginarnos como personas coherentes y racionales, en posesión de ciertos atributos y no de otros. Ahora bien, una persona que sea del todo coherente, que no tenga contradicciones, no parece tan real. Da la impresión de ser de madera. De plástico.

Los aspectos más genuinos e irracionales del ser humano suelen pasar desapercibidos, y precisamente es la creación artística lo que nos permite acceder a ellos. Cada obra nos dice quiénes somos, a menudo de maneras que el público entiende mejor que nosotros.

La creatividad es un proceso de exploración que nos permite encontrar el material oculto. No siempre lo descubriremos. En caso de que demos con él, quizá no tenga sentido. Una semilla podría atraernos porque contiene algo que no entendemos, y esa atracción difusa será lo más parecido a comprendernos que experimentaremos nunca.

Algunos aspectos del ser no quieren que los abordes de frente. Prefieren asomar indirectamente, a su manera; como súbitos destellos que captamos en momentos inesperados, igual que un rayo de sol reflejado en la superficie de una ola.

Esas manifestaciones no se pueden expresar con palabras simples. Son algo fuera de lo común. Trascienden el mundo cotidiano. Un poema puede transmitir información que no se puede expresar mediante la prosa o la conversación.

Y todo arte es poesía.

El arte llega más hondo que el pensamiento. Más que los relatos que te cuentas sobre ti mismo. Rompe los muros internos y se asoma a lo que hay detrás.

Si nos apartamos y dejamos que el arte haga su trabajo, reflejará la sinceridad que ansiamos. Y es posible que esa sinceridad no se parezca en nada a lo que tú esperabas.

Todo aquello que permita al público
contemplar el mundo como tú lo ves
es acertado,
aunque la información sea incorrecta.

El guardián

No importa de dónde vengan las ideas ni cómo sean; todas, antes o después, tendrán que enfrentarse a cierto aspecto de uno mismo: el editor, el guardián del umbral.

Este decidirá cuál será la expresión final de la obra, por más facetas del yo que hayan intervenido en su construcción.

El papel del editor es juntar y cribar. Amplificar lo que es vital y reducir los excesos. Descartar lo superfluo hasta alcanzar la mejor versión.

En ocasiones el editor encuentra huecos y nos envía a recoger datos para rellenarlos. Otras veces contamos con abundante información y el editor eliminará lo innecesario para revelar la obra en su máxima expresión.

La edición revela nuestro buen gusto. No se define por los productos culturales que nos conquistan: la música que seduce a nuestros oídos o las películas que vemos más de una vez. Nuestro buen gusto se hace patente en la manera de supervisar el trabajo. Qué incluimos, qué excluimos y cómo combinamos los diferentes elementos.

Puede que te sientas atraído por distintos ritmos, colores y patrones, pero que estos no convivan en armonía. Las piezas deben encajar en el recipiente.

El recipiente es el eje en torno al cual se organiza la obra. Dicta qué elementos quedan bien y cuáles no. Un mobiliario apropiado para un palacio quizá no tendría sentido en un monasterio.

El editor debe dejar el ego a un lado. El ego se siente orgulloso de los elementos individuales de la obra y se encariña con ellos. El papel del editor es guardar las distancias y mirar por encima de ese apego en busca de unidad y equilibrio. Los artistas con talento pero pocas dotes para la edición pueden acabar con una obra entre manos que no esté a la altura de lo que prometía su don.

Evita confundir el frío desapego del editor con el crítico interno. El crítico duda del trabajo, lo sabotea, lo mira desde cerca y desacredita la obra. El editor se aparta, contempla la pieza desde una perspectiva holística y procura que exprese todo su potencial.

El editor es el profesional que hay en el poeta.

⊙

Conforme avanzamos hacia la culminación de un proyecto, puede ser útil recortar drásticamente el material hasta quedarnos solo con lo imprescindible; llevar a cabo *una edición implacable.*

Buena parte del trabajo creativo hasta ese momento ha consistido en sumar. Imagina esta etapa como una parte del proyecto que requiere restar. Por lo general sucede cuando la obra está terminada, y las opciones, agotadas.

A menudo se piensa en la edición como una poda, la retirada de lo superfluo. Pero hablamos de una edición implacable. Tenemos que decidir lo que debe seguir ahí a la fuerza de modo que la obra siga siendo lo que es; lo que consideramos absolutamente necesario.

No aspiramos a reducir el trabajo a su longitud prevista. Trabajamos para reducirlo más allá de la longitud prevista. Aunque baste suprimir el 5% para acortarlo a la escala que tenías pensada, podríamos seguir suprimiendo hasta dejar la mitad o un tercio.

Si estás trabajando en un álbum de diez temas y grabaste veinte canciones, no lo reduzcas a diez. Acórtalo a cinco, a los temas sin los que no podrías vivir.

Si escribiste un libro que tiene más de trescientas páginas, intenta acortarlo a menos de cien sin que pierda su esencia.

Además de llegar al núcleo de la obra, mediante esta edición brutal nuestra relación con ella se transforma. Nos permite entender la estructura subyacente y comprender lo que verdaderamente importa, desconectar del apego que nos genera su creación y verla tal como es.

¿Qué efecto ejerce cada uno de los elementos? ¿Potencian la esencia? ¿Nos distraen de la esencia? ¿Contribuyen al equilibrio? ¿Contribuyen a la estructura? ¿Son completamente necesarios?

Una vez que hayas eliminado las capas sobrantes, es posible que retrocedas y adviertas que la obra funciona así tal cual, en su expresión más sencilla. O puedes tener la sensación de que debes devolverle ciertos elementos. Siempre y cuando conserves la integridad de la obra, es cuestión de preferencias personales.

Vale la pena dedicar un momento a analizar si las reincorporaciones realmente mejoran la obra. La idea no es añadir por el simple hecho de hacerlo. La idea es añadir para mejorar.

El objetivo es alcanzar ese punto en el cual, cuando ves la obra, piensas que no podrías haberlo hecho de otro modo. Te transmite equilibrio.

Elegancia.

No es fácil renunciar a elementos a los que les dedicaste tanto trabajo y cuidados. Algunos artistas se enamoran tanto de la obra que crearon que les cuesta renunciar a un elemento, por más que el conjunto esté mejor sin él.

«Cualquiera es capaz de complicar lo sencillo —dijo Charles Mingus en cierta ocasión—. Hacer que lo complicado parezca sencillo, increíblemente sencillo, eso es la creatividad».

Ser artista
significa preguntarse una y otra vez:
«¿Cómo puedo mejorar esto?»,
sea lo que sea «esto».
Podría ser tu expresión artística
o podría ser tu vida.

¿Por qué creamos arte?

⊙

A medida que vayas profundizando tu participación en el acto creativo, es posible que te topes con una paradoja.

En el fondo, el acto de autoexpresión no gira a tu alrededor.

La mayoría de los que escogen el camino del artista no pueden evitarlo. Se sienten impulsados a dedicarse a ello como arrastrados por un instinto primario, la misma fuerza que atrae a las tortugas al mar tras salir del cascarón en la arena.

Seguimos ese instinto. Negarlo resulta desalentador, como si fuéramos contra natura. Si nos alejamos, nos damos cuenta de que ese impulso ciego siempre está ahí, guiando nuestras aspiraciones más allá de nosotros mismos.

Tan pronto como notamos que la obra va cobrando forma, sentimos una ola de emoción seguida de la necesidad de compartir el trabajo, con la esperanza de replicar esa tensión emocional en otros.

Es la vocación de autoexpresión, la finalidad creativa. No hace falta que nos entendamos ni que nos comprendan. Compartimos nuestro filtro, nuestra manera de ver, con el fin de despertar ecos en los demás. El arte es la reverberación de una vida impermanente.

Como seres humanos, llegamos y nos marchamos con rapidez, y tenemos la oportunidad de crear obras que se erijan como monumentos de nuestro paso por la Tierra. Perdurables afirmaciones de la existencia. El *David* de Miguel Ángel, las primeras pinturas rupestres, los paisajes de un niño con pintura de dedos... Todos repiten el mismo grito humano, como grafitis garabateados en un lavabo público:

Yo estuve aquí.

Cuando contribuyes al mundo con tu punto de vista, otros lo contemplan también. Se proyecta a través de su filtro y desde ahí se distribuye de nuevo.

El proceso es continuo y constante. En conjunto crea lo que experimentamos como realidad.

Cada obra, por insignificante que parezca, tiene un papel en este ciclo generalizado. El mundo se despliega constantemente. La naturaleza se renueva. El arte evoluciona.

Cada cual posee un modo particular de ver el mundo. Y eso puede llevar a sentimientos de aislamiento. El arte tiene la capacidad de conectarnos más allá de las limitaciones que alberga el lenguaje.

A través de esto somos capaces de contemplar en el exterior nuestro paisaje interno, eliminar los límites que nos separan y acceder al gran recuerdo de algo que sabíamos al llegar a la vida: no hay separación. Somos uno.

La razón por la que estamos vivos
es expresarnos en el mundo.
Y el arte posiblemente sea la manera
más segura y hermosa de hacerlo.

El arte más allá del lenguaje, de la vida.
Es un modo universal de enviar mensajes
entre nosotros y a través del tiempo.

Armonía

⊙

Las hebras invisibles de las matemáticas están entrelazadas con la belleza natural.

Las mismas proporciones que vemos en las caracolas se manifiestan en las galaxias. Y en los pétalos de las flores, las moléculas de ADN, los huracanes y el diseño del rostro humano.

Ciertas proporciones producen una sensación de equilibrio sagrado.

Nuestro ideal de belleza es la naturaleza. Cuando nos topamos con esas proporciones en nuestras obras de arte, nos transmiten paz. Nuestras creaciones están inspiradas en las relaciones que más nos sobrecogen.

El Partenón, la Gran pirámide, el *Hombre de Vitruvio* de Leonardo, el *Pájaro en el espacio* de Brancusi, las *Variaciones Goldberg* de Bach, la *Quinta sinfonía* de Beethoven... Todas esas obras se apoyan en la misma geometría que hallamos en la naturaleza.

El universo emana sentido de la armonía en un sistema de profunda y hermosa interdependencia. Cuando te alejes para observar un proyecto en el que lleves trabajando un tiempo e identifiques una nueva simetría que ni siquiera sabías que existía, seguramente experimentarás una sensación de calma. El orden se manifiesta. Los ecos armónicos son palpables. Estás participando en ese intrincado mecanismo.

En música, las reglas de la armonía se disponen en fórmulas. Cada nota tiene una longitud de onda y cada longitud de onda posee una relación específica con las demás. Siguiendo los principios matemáticos, se pueden calcular los emparejamientos armónicos de esas ondas.

Todo elemento posee asimismo una longitud de onda: los objetos, los colores, las ideas. Cuando los combinamos, se genera una nueva vibración. En ocasiones la vibración es armoniosa y otras veces es disonante.

No tenemos que entender los principios matemáticos para crear obras poderosas recurriendo a esas vibraciones. Algunos piensan que comprender los principios matemáticos socava su intuición natural. Sintonizamos con nosotros mismos para experimentar armonía. Usamos el intelecto para explicarlo una vez que sucede.

Aquellos que no acceden a esta intuición de manera natural pueden desarrollarla con el tiempo. Mediante una sintonización aprendida, puedes llegar a percibir estas resonancias naturales. Captar más intensamente lo que está en equilibrio y reconocer las proporciones divinas. Cuando estés creando o terminando una obra, las verás con más claridad, como un tañido armónico. Notarás una sensación de concordancia. Una coherencia. Los elementos individuales fundidos y transformados en uno.

Una gran obra no tiene por qué ser armoniosa. En ocasiones el arte pretende mostrar desequilibrio o provocar desasosiego.

En una canción, cuando una armonía disonante entra en consonancia, produce alivio. Por eso optar por la discordancia puede ser interesante. Genera tensión y luego la libera, un gesto que atrae nuestra atención a una armonía en la que de otro modo no habríamos reparado.

Conforme entramos en sintonía profunda con los principios armónicos fundamentales de nuestro arte, empezamos a reconocerlos allá donde observamos. Trabajando en lo específico, nuestra sensibilidad global se refina.

Si no somos capaces de reconocer la armonía en el universo se debe seguramente a que no estamos asimilando suficiente información. A base de alejarnos y acercarnos lo suficiente, la esencia integrada de todo salta a la vista.

Igual que la pequeña pincelada de un lienzo no puede hacerse a un lado para contemplar la pintura, nosotros no podemos concebir la totalidad de las relaciones y contraposiciones que nos rodean por todos los frentes.

Es posible que nuestra incapacidad de comprender los mecanismos internos del universo nos permita sintonizar aún más si cabe con su infinitud. La magia no radica en su análisis o comprensión. La magia habita en la maravilla de lo que no sabemos.

No importa dónde te enmarques como artista;
el marco es siempre demasiado pequeño.

Lo que nos contamos

⊙

Nos contamos relatos sobre nosotros,
pero no somos esos relatos.
Nos contamos relatos sobre la obra,
pero la obra no es esos relatos.

Cualquier esfuerzo por encontrar sentido en nosotros y en el arte que creamos es una cortina de humo, una manipulación. No arroja luz sobre lo que es. Nos confunde. No tenemos modo de saber qué es intrascendente y qué esencial ni de conocer el significado de nuestras aportaciones.

Nos contamos historias diversas acerca de quiénes somos y cómo se crea la obra. Pero ninguna tiene importancia.

Lo único que importa es la propia obra. El arte y cómo se percibe.

Tú eres tú.

La obra es la obra.

Cada persona del público es un ser distinto. Único.

Nada de todo ello se puede llegar a comprender y menos aún sintetizar en ecuaciones sencillas o palabras simples.

Tenemos a nuestra disposición en cualquier momento miles de millones de datos y tan solo percibimos una pequeña cantidad. A partir de esta observación hecha por un resquicio, construimos una interpretación y añadimos otro relato a nuestra colección.

Con cada historia que nos contamos, estamos negando la posibilidad. Reducimos la realidad. Aislamos los espacios del yo. La verdad se desmorona para encajar en el principio organizador que adoptamos.

Como artistas, estamos llamados a renunciar a esos relatos una y otra vez al tiempo que depositamos una fe ciega en la extraña energía que nos impulsa a seguir avanzando.

La obra de arte es el punto en el que convergen todos los elementos: el universo, el prisma del yo, la magia y la disciplina de transmutar una idea en materia. Y si eso te conduce a la contradicción —a territorios que parecen infranqueables o incognoscibles—, no debes pensar por ello que esos territorios carecen de armonía.

Hay orden y patrones aun en el caos aparente. Un trasfondo cósmico que recorre todas las cosas, tan inmenso que no cabe en ningún relato.

El universo
nunca explica sus razones.